KB266570

배당 ETF로 월 400만 원
현금흐름 만들기

배당 ETF로 월 400만 원 현금흐름 만들기

AI도, 은퇴도 이기는 가장 확실한 투자 시스템

서대리 지음

BM 황금부엉이

‘나처럼 평범한 사람에겐 최고의 방법이다!’

은퇴 후 매월 400만 원씩 꼬박꼬박 계좌에 들어와 돈 걱정 없이 사는 삶.

직장인이든 개인사업자든 현재 일하고 있는 사람이라면 누구나 꿈꾸는 모습일 겁니다. 지금이야 하루 24시간을 ‘나’보다 ‘돈’에 맞춰 살지만, 적어도 은퇴 후에는 내가 원하는 일을 하고, 내가 좋아하는 사람들과 시간을 보낼 수 있는 ‘내’가 중심인 삶 말이죠.

하지만 은퇴 후에도 생활비 때문에 다시 일자리를 알아보거나 실제로 재취업하는 사람이 많습니다. 2024년 5월 통계청에서 발표한 자료에 따르면, 한국의 55~79세 고령층 고용률은 59%로 사상 최고치를 기록했습니다. 2023년 경제협력개발기구 OECD가 발표한 대한민국 65~69세 고령층 고용률도 50.4%였는데, 이는 OECD 평균인 24.7%의 두 배가 넘는 수치입니다.

20~30년 열심히 일하고 은퇴했는데 다시 일하는 이유는 결국 ‘돈’입니다. “여유는 지갑에서 나온다”라는 말처럼 이상적인 은퇴

생활을 위해 꼭 필요한 조건입니다. 은퇴 전에 죽을 때까지 생활비로 쓸 수 있을 만큼 돈을 많이 모아두거나, 부동산 월세처럼 안정적인 현금흐름을 만들어야 하죠.

그런데 이 사실을 몰라서 못 하는 사람이 있을까요? 문제는 이 정도 현금이나 현금흐름이 나오는 자산을 확보하는 게 쉽지 않다는 점입니다. 모은다고 해도 대체 얼마를 모아야 할까요? 2023년 통계청 가계금융복지조사에 따르면, 은퇴 후 부부 월평균 적정 생활비는 324만 원, 최소 생활비는 231만 원이라고 합니다. 수명을 90세까지로 잡고, 60세부터 90세까지 30년간 매월 324만 원씩 쓰려면 총 11억 6,640만 원이 필요합니다.

만약 이자만 가지고 생활할 계획이라면 필요한 돈은 약간 다릅니다. 이 돈을 다 모아 은행에 넣었다고 생각해 볼게요. 넉넉하게 은행 예금이자를 4%라고 가정했을 때 15.4%의 이자소득세를 떼고 매월 324만 원씩 쓰려면 11억 4,894만 원이 필요합니다. 여기에 세전 은행 이자의 8%를 건강보험료로 또 내야 합니다. 물가상승률도 적용해야 하지만, 이를 배제해도 최대한 단순하게 계산하면 아래와 같은 금액이 필요합니다.

12억 6,893만 원 × 4%(이자율) × 76.6%(세금 + 건보료) ÷ 12개월
= 세후 월 324만 원

　　12억이 훌쩍 넘는 돈을 은퇴 전까지 모을 수 있는 사람은 많지 않을 겁니다. 만약 지금 가진 돈이 0원이고 은퇴가 30년 남았다면 매월 352만 원씩, 20년 남았다면 529만 원씩, 10년 남았다면 1,057만 원씩 모아야 합니다. 당장 생활비도 빡빡한데, 언제일지 모를 미래를 위해 매월 이렇게 많은 돈을 저축하기란 거의 불가능하게 느껴집니다.

　　희망이 없다면 노력할 이유도 없어집니다. 답이 보이지 않으니 은퇴 후를 생각하는 것조차 포기해 버리게 됩니다. 저 역시 사회 초년생 시절 그랬습니다. 집값은 터무니없이 높고, 월급은 아무리 아껴 써도 한계가 있었죠. 은퇴 준비는 '노답' 그 자체였습니다. 그래서 그냥 '지금, 이 순간에 충실하자'라는 마음으로 월급을 몇 년 동안이나 탕진했어요.

　　그러던 어느 날, 우연히 외국 사이트에서 글 하나를 읽었습니다. 평범한 직장인이 월급만으로 노후에 생활비보다 많은 배당금을 받고 있다는 내용이었죠. 은퇴 자금은 재취업이나 부동산 월세로만 마련할 수 있다고 생각하던 시절이라 충격으로 다가왔습니다. '주식투자로 배당금을 받을 수 있고, 그게 제2의 월급이 될 수 있다'는 사실을 그때 처음 알게 되었고, 희망이라는 게 있다면 이런 걸까 싶더군요. 그날 이후 저는 '배당금', '배당투자'에 대해 정말 미친 듯이 공부하기 시작했습니다.

그렇게 지금까지 제가 직접 배당투자를 해보면서 내린 결론은 딱 하나입니다.

"나처럼 평범한 사람에겐 최고의 방법이다!"

최소 몇억은 필요한 부동산보다 접근성이 좋고, 언제든지 현금화할 수 있으며, 머리 아픈 세입자 리스크도 전혀 없습니다. 무엇보다 월급처럼 정해진 날 배당금이 내 계좌로 들어옵니다.

지금도 저는 배당금으로 은퇴 후 제2의 인생을 보내기 위한 계획을 세우고, 꾸준히 실행 중입니다. 이대로만 간다면 저와 아내는 은퇴 걱정 없이 지낼 수 있을 거라는 자신감도 생겼습니다. 그래서 제가 경험한 희망을 나누고자 이 책 한 권에 저의 배당투자 여정과 계획, 구체적인 방법까지를 전부 담았습니다. 저처럼 평범하고 성실한, 하지만 앞일은 답답하기만 한 분들이 있다면 이 책이 길이 돼줄 거라 확신합니다.

은퇴 후 돈 걱정 없는 제2의 인생!
함께 만들어봅시다.

차례

1장

배당투자, 아직도 헷갈리나요?

2장

배당투자는 미국 주식이라고 말하는 이유

3장

미국 배당투자, 어떤 종목을 사야 할까?

4장

마르고 닳도록 쓰게 될 배당투자 분석 도구

5장

나한테 필요한 돈은 대체 얼마인가?

6장

은퇴 후 월 200만 원을 받기 위한 가장 현실적인 투자전략

부록 A

부록 B

  연금저축 - 오늘은 세금 돌려받고, 나중엔 연금 받자!

  IRP(개인형 퇴직연금) - 퇴직금 굴려서 세금 줄이고, 연금으로 받자!

  ISA(개인종합자산관리계좌) - 연금은 아니지만 절세는 확실!

  연금저축, IRP, ISA 비교표

부록 C

배당 ETF로 월 400만 원 현금흐름 만들기

1장

·

배당투자, 아직도 헷갈리나요?

주식을 샀는데 왜 돈을 주지?
배당금

수학 문제를 잘 풀려면 덧셈, 뺄셈 같은 사칙연산을 제대로 할 줄 알아야 합니다. 마찬가지로 배당투자를 하려면 배당금이 나오는 원리와 의미를 확실히 이해해야 하죠. 어떤 투자도 내가 제대로 알지 못하면 돈을 벌기 어렵습니다. 남들이 좋다고 하는 말만 듣고 투자했다가 망하는 이유 역시 스스로 판단할 수 없기 때문이니까요.

'배당금'은 주식을 가지고 있는 사람들(주주)에게 기업의 이윤을 나눠주는 개념입니다. 어떤 기업이 돈을 벌었다면, 그중 일부나 이익 전체를 주주들에게 돌려주는 건 당연합니다. 이론상 주식회사가 주주에게 배당금을 지급하는 건 기본 원칙이니까요.

하지만 우리 주변에서 누가 주식 배당금을 받았다는 말을 들으면, 기업이 주주들에게 선심이라도 쓴 것처럼 생각하는 사람들이 많죠. 배당금 문화가 흔하지 않기도 하지만, 투자금이 몇억이 아니라면 내 계좌로 들어오는 배당금 역시 소소할 수밖에 없습니다.

개인투자자가 보유한 주식 수는 주식시장 전체로 보면 비중이 매우 작습니다. 이 말은 주주총회에서 "배당금을 더 주세요"라고 발언하거나 밀어붙이는 게 사실상 불가능하다는 뜻이기도 합니다. 결국 기업의 배당금 지급 결정에 개인투자자들의 의견은 거의 반영되지 못합니다. 특히 한국의 경우 현직 경영진이나 오너 가족이 주식을 많이 가지고 있다 보니 '배당금 = 기업이 주는 보너스'라고 착각하기 쉬운 환경이 되었습니다.

예를 들어, 내가 삼성전자 주식을 1,000주 가지고 있어서 올해 삼성전자가 번 돈을 주주들에게 전부 배당하라고 주장했습니다. 하지만 1,000만 주를 가진 사람이 반대표를 던지고, 다른 사람들이 동조하면 받아들여지지 않는 것입니다.

그럼, 기업은 어떻게 배당금을 지급할 수 있을까요? 앞에서 말한 것처럼 배당금은 '기업이 번 돈'을 주주들에게 나눠주는 행위입니다. 기본적으로 기업이 돈을 벌어야 배당금을 줄 수 있는 거죠. 여기서 '기업이 번 돈'은 사업하면서 발생하는 모든 비용을 다 떼고 남은 돈을 말합니다. 매출이 아니라 '순이익'입니다.

예를 들어, 1년에 100억 매출을 올리는 의류 쇼핑몰 사장이라고 가정합시다. 우선 옷을 만들어야 하니 원단과 단추, 여러 부자재를 구매합니다. 그다음 제조 공장에 돈을 주고 생산합니다. 이게 다가 아니라 매장이 있다면 매장 직원에게 월급도 줘야 합니다. 쿠팡이나 네이버에서 판매한다면 플랫폼 수수료도 나갑니다. 대출을 받았다면 대출이자도 갚아야 합니다. 이것 말고도 사업할 때 발생하는 비용은 훨씬 많지만, 이런저런 비용을 전부 빼고도 돈이 남는다면 이것이 '순이익'입니다. 매출이 아니라 순이익이 배당금 지급재원인 거죠.

여담이지만 직장인이라면 '아무리 열심히 일해도 회사만 부자 되고, 나는 왜 그대로지'라는 생각을 해봤을 겁니다. 결국 기업의 목적은 돈을 버는 것이고, 그러려면 당연히 비용은 최소화해야 하는데 직장인 월급도 회사가 보기엔 비용이죠. 회사가 성장하면 직원 월급도 조금씩 오르지만, 애초에 회사가 버는 돈보다 월급이 오를 수 없는 구조입니다.

그래서 주식으로 배당금을 받겠다고 결심했다면, 기업의 성적표라 할 수 있는 '재무제표'와 친해져야 합니다. 우리나라 대표기업인 삼성전자의 재무제표를 보면 2024년 매출이 약 300조 원, 영업이익은 32조 7,260억 원입니다. 당기순이익은 34조 4,513억 원인데, 이 중 일부를 주주들에게 배당금으로 나눠주는 겁니다.

뒤에서 자세히 알아보겠지만 기업이 번 돈보다 배당금을 더 많이 주는 일도 종종 있습니다. 무조건 1년 동안 번 돈 중에서만 배당금을 주는 것도 아닙니다. 우리도 비상금 통장에 여분의 현금을 남겨두었다가 부족할 때 꺼내 쓰잖아요? 기업도 마찬가지입니다. 올해 돈을 조금 덜 벌었지만, 배당금을 작년과 똑같이 지급하고 싶다면 기업이 가진 현금을 풀기도 합니다.

물론 어떤 기업에서 몇 년 동안 이런 상황이 반복된다면 결국 새드엔딩으로 끝날 겁니다. 계속 버는 돈보다 배당금을 더 많이 준다면, 나중에는 배당금을 주고 싶어도 줄 돈이 없어질 테니까요. 그래서 그 기업이 돈을 꾸준히 잘 벌고 있는지 확인하는 습관이 필요합니다.

"삼성전자 주식을 가지고 있으면 삼성전자 임직원이 나를 위해서 일하는 것이다."

한 번쯤 들어본 말이죠? '주식투자란 쌀 때 사서 비쌀 때 파는 것이다'라는 관점에서 본다면 크게 와닿지 않을 겁니다. 하지만 기업이 번 돈을 주인인 주주들에게 나눠주는 배당 관점에서 보면 왜 저런 말이 나오는지 확실히 이해할 수 있죠.

• 단위 : 억원, %, 배, 천주   • 분기 : 순액기준

항목	2020/12 (IFRS연결)	2021/12 (IFRS연결)	2022/12 (IFRS연결)	2023/12 (IFRS연결)	2024/12 ⊕ (IFRS연결)	전년대비 (YoY)
⊞ 매출액(수익)	2,368,069.9	2,796,048.0	3,022,313.6	2,589,354.9	3,008,709.0	16.2
•내수		2,796,048.0				
•수출						
⊞ 매출원가	1,444,883.0	1,664,113.4	1,900,417.7	1,803,885.8	1,865,622.7	3.4
매출총이익	923,186.9	1,131,934.6	1,121,895.9	785,469.1	1,143,086.4	45.5
⊞ 판매비와관리비	563,248.2	615,596.0	688,129.6	719,799.4	815,826.7	13.3
영업이익	359,938.8	516,338.6	433,766.3	65,669.8	327,259.6	398.3
⊞ •기타영업손익						
영업이익(발표기준)	359,938.8	516,338.6	433,766.3	65,669.8	327,259.6	398.3
•[구K-IFRS]영업이익						
⊞ 금융수익	122,676.0	85,431.9	208,290.0	161,001.5	167,033.0	3.8
⊞ 금융원가	113,180.6	77,045.5	190,276.9	126,455.3	129,856.8	2.7
⊞ 기타영업외손익	-11,048.3	1,497.2	1,719.0	971.2	3,351.1	245.0
⊞ 종속기업,공동지배기업및관…	5,065.3	7,296.1	10,906.4	8,875.5	7,510.4	-15.4
법인세비용차감전계속사업…	363,451.2	533,518.3	464,404.7	110,062.7	375,297.3	241.0
법인세비용	99,372.9	134,443.8	-92,136.0	-44,808.4	30,783.8	168.7
종속회사매수일전순손익						
처분된종속회사순손익						
계속사업이익	264,078.3	399,074.5	556,540.8	154,871.0	344,513.5	122.5
중단사업이익						
•중단사업법인세효과						
⊞ 당기순이익	264,078.3	399,074.5	556,540.8	154,871.0	344,513.5	122.5

(출처: 네이버금융, finance.naver.com)

"머슴을 해도 대감집 머슴을 해라"라는 우스갯소리처럼, 일반적으로 이름만 들으면 다 아는 대기업이 돈을 더 잘 법니다. 돈을 잘 번다는 의미는 그만큼 배당금을 지급할 여력도 크다는 뜻이죠. 유명한 기업이나 관심 있는 기업 주식의 배당금을 조사해 보면 은근히 재미있습니다. 내가 주식을 가지고 있기만 해도 기업이 번 돈을 나눠 가질 수 있다는 걸 아니까요.

직장인이라면 대부분 공감할 겁니다. 창사 이래 최대 실적을 달성했다고 발표하고는, 내년 경제 상황이 불안하다며 비상경영을 선포합니다. 회사 이익이 늘어도 연봉인상률과 성과급은 오르지 않으니 매년 연봉 계약과 성과급 지급 시점만 되면 블라인드 게시판이 시끌벅적합니다. "재주는 곰이 부리고, 돈은 사람이 번다"라는 말이 자동으로 소환되죠. 하지만 현실에서는 사장님, 회장님 앞에 나서서 당당하게 연봉 인상과 성과급을 요구하긴 어렵습니다.

하지만 삼성, 현대, LG, SK 같은 대기업 주식을 사서 가지고 있으면 기업이 버는 돈을 배당으로 나눠 가질 수 있습니다. 배당금으로 현재 월급만큼, 아니 생활비를 충당할 만큼 주식을 사서 모은다면 회사 생활은 강제가 아니라 선택이 되는 것입니다.

<table>
<tr><th colspan="6">시가총액 순, 한국 10대 기업 배당금 정보</th></tr>
<tr><th rowspan="2">주식</th><th rowspan="2">주가</th><th rowspan="2">배당수익률</th><th colspan="3">1주당 배당금</th></tr>
<tr><th>2023년</th><th>2024년</th><th>2025년</th></tr>
<tr><td>삼성전자</td><td>181,200</td><td>0.8%</td><td>1,444</td><td>1,446</td><td>1,527</td></tr>
<tr><td>SK하이닉스</td><td>880,000</td><td>0.2%</td><td>1,200</td><td>2,204</td><td>1,788</td></tr>
<tr><td>현대차</td><td>499,000</td><td>2.4%</td><td>11,400</td><td>12,000</td><td>12,033</td></tr>
<tr><td>LG에너지솔루션</td><td>395,000</td><td>0.0%</td><td>-</td><td>-</td><td>-</td></tr>
<tr><td>삼성바이오로직스</td><td>1,710,000</td><td>0.0%</td><td>-</td><td>-</td><td>-</td></tr>
<tr><td>SK스퀘어</td><td>558,000</td><td>0.0%</td><td>-</td><td>-</td><td>-</td></tr>
<tr><td>기아</td><td>164,100</td><td>3.8%</td><td>5,600</td><td>6,500</td><td>6,288</td></tr>
<tr><td>KB금융</td><td>167,900</td><td>2.3%</td><td>3,060</td><td>3,174</td><td>3,846</td></tr>
<tr><td>두산에너빌리티</td><td>96,700</td><td>0.0%</td><td>-</td><td>-</td><td>-</td></tr>
<tr><td>HD현대중공업</td><td>543,000</td><td>0.9%</td><td>-</td><td>2,090</td><td>4,779</td></tr>
</table>

(출처: 네이버금융, 2026년 2월 15일 기준, 단위: 원)

주식을 사면
무조건 배당금을 주나?

네이버, 증권 앱

꼭 그렇지는 않습니다. 기업 상황에 따라 배당금을 지급하는 주식이 있고, 아닌 것도 있어요. 그래서 배당투자가 목적이라면 이 주식이 배당금을 주는지부터 확인해야 합니다.

'기업이 번 돈을 주주에게 나눠주는 게 원칙이라면 안 주는 게 불법 아닌가?'라고 생각할 수 있는데요. 배당금을 바로 주주에게 주는 대신 더 많은 돈을 벌기 위해 회사에 재투자하기도 합니다. 다른 기업을 인수하거나 새로운 공장을 짓는 데 돈을 쓰는 거죠. 이런 결정이 주주총회를 통해 통과되면 배당금이 나오지 않습니다. 앞으로 경제가 어려워질 것에 대비해 비상금 확보 차원에서 그러기도 하고요.

배당금을 매년 꾸준히 지급하는 기업들은 대부분 규모가 크고 안정적으로 돈을 버는 사업을 하는 경우가 많습니다. 담배를 파는 KT&G, 통신 서비스를 제공하는 SK텔레콤, 각종 금융기업이 대표적입니다. 고객들이 이들 기업의 제품과 서비스를 매달 혹은 정기적으로 이용하니 안정적으로 돈을 벌 수 있는 거죠. 다음 달에 갑자기 스마트폰을 해지하는 사람이 몇백만 명씩 한꺼번에 늘어날 일은 거의 없을 테니까요.

이런 기업들은 번 돈을 재투자해도 그만큼 돈을 더 번다는 보장이 없습니다. 이미 거의 모든 사람이 스마트폰으로 통신 서비스를 이용하고 있으니까, 재투자로 사업을 확장해도 더 많이 벌 수 있는 확률이 높지 않은 거죠. 그래서 재투자 대신 번 돈의 일부를 주주들에게 배당금으로 나눠주는 겁니다.

반면 한창 성장하는 기업은 안정적인 사업 구조를 갖추기 전까지 엄청난 자금이 필요합니다. 그래서 주주들에게 배당금을 주지 않고, 그 돈을 바로 사업에 재투자해야 합니다.

우리가 직장인이 되기 전후를 떠올리면 이해가 쉽습니다. 초등학교, 중학교, 고등학교, 대학교까지는 부모님이 학비와 생활비를 거의 다 내줍니다. 아르바이트나 과외로 직접 벌어 쓰는 친구도 있지만, 여기서 중요한 건 지금 당장 버는 돈은 없어도 미래를 위해 돈을 쓴다는 점입니다. 나중에 취업하면 그때부터는 부모님께

용돈을 드릴 수 있는 여유가 생길 거고요.

내가 만약 주식시장에 상장되어 있다면, 부모님은 최대 주주인 셈이죠. 그렇게 30여 년이라는 긴 투자 끝에 이제는 배당금을 받을 수 있을 만큼 '나'라는 기업이 성장하는 거죠. 이처럼 기업마다 현재 상황과 비즈니스 모델이 달라서 수익이 생겼다고 무조건 배당금을 지급하는 게 아닙니다.

배당금을 지급하는 주식인지 아닌지 확인하는 방법은 정말 간단합니다. 한국 주식의 경우 크게 2가지 방법이 있습니다. 하나는 네이버로, 다른 하나는 증권 앱에서 검색하면 됩니다.

네이버로 배당금을 주는 회사인지 알아보기

대표적인 한국 배당주 중 하나인 'KT&G' 주식이 배당금을 주는지, 준다면 1년에 얼마나 주는지를 네이버로 알아보겠습니다. '있어 보이게' 표현하고 싶다면 배당금이라는 말 대신 'DPS'라고 하면 됩니다. DPS는 'Dividends Per Share'의 약자로, 말 그대로 1주당 배당금을 뜻합니다.

네이버에서 'KT&G'를 검색합니다. 다음과 같은 화면이 나타나면, 아래에 있는 '증권정보 더보기'를 클릭합니다.

KT&G

+ 관심종목 ⋮

033780 · KOSPI

173,800 원 ▲1,600 (0.93%)

NXT After Market 173,600 ▲1,400 (0.81%) · 장마감 ⓘ

일봉   주봉   월봉   (1일)   3개월   1년   3년   10년

176,000
174,800
173,600
172,400
171,200
170,000
10:00   12:00   14:00

KRX 02.13. 16:10 · 장마감   면책조항 · 정보 ⓘ

현재가

52주 최저 94,600   52주 최고 175,800

전일   172,200   시작   172,200
고가   175,800   저가   170,100
거래량   270,846   대금   47,072백만
시총   20조 5,043억   PER   18.78배
PBR   1.96배   EPS   9,254원

기관매매   개인매매   외국인매매
+23,039   -2,573   -20,667
2026.02.13.기준   보유율 43.46%

매출   영업이익   당기순이익
1조 8,269억   4,653억   4,187억
2025.09.기준(분기)

증권정보 더보기 →

화면 중간쯤에 있는 '기업실적분석'의 '더보기'를 클릭하면 KT&G 재무제표를 자세히 볼 수 있습니다. 표 아래쪽에 '현금 DPS(원)'이 보이죠? 이게 배당금입니다. KT&G는 2023년에 1주당 배당금으로 5,200원을, 2024년에는 5,400원을 주주에게 나눠줬습니다.

밑에 있는 '현금배당수익률'은 '지금 내가 KT&G 주식 1주를 사면 배당금이 얼마일지'를 퍼센트(%)로 계산한 값입니다. 1주당 배당금을 현재 주가로 나누면 됩니다. 예를 들어 지금 KT&G 주가가 100,000원이고 배당금이 5,200원이면 (5,200원 ÷ 100,000원) × 100 = 5.2%가 되는 겁니다.

주요재무정보	연간							
	2020/12 (IFRS연결)	2021/12 (IFRS연결)	2022/12 (IFRS연결)	2023/12 (IFRS연결)	2024/12 (IFRS연결)	2025/12(E) (IFRS연결)	2026/12(E) (IFRS연결)	2027/12(E) (IFRS연결)
부채비율	26.14	26.37	31.45	37.41	48.80	42.07	41.46	37.33
자본유보율	901.98	960.43	1,012.04	996.16	975.77			
EPS(원)	8,535	7,118	7,399	6,615	8,975	8,637	9,203	9,367
PER(배)	9.74	11.10	12.37	13.14	11.93	11.88	11.15	10.95
BPS(원)	72,831	76,336	80,114	81,326	85,662	88,804	91,929	99,382
PBR(배)	1.14	1.03	1.14	1.07	1.25	1.16	1.12	1.03
현금DPS(원)	4,800	4,800	5,000	5,200	5,400	5,601	5,767	5,667
현금배당수익률	5.78	6.08	5.46	5.98	5.04	5.46	5.62	5.52
현금배당성향(%)	50.83	58.93	57.24	65.45	50.48	64.64	62.66	60.50
발행주식수(보통주)	137,292,497	137,292,497	137,292,497	133,822,497	125,362,497			

미래에셋, 삼성증권, 한국투자증권 등 증권사마다 확인하는 방법이 조금 다르긴 하지만, 공통으로 '재무정보' 메뉴를 보면 됩니다. '현금DPS, DPS, 배당금' 등 앱마다 조금씩 다르게 적혀 있으니 참고하세요.

배당금을 많이 줄수록 좋다?
배당수익률, 배당성향, 재무제표 보는 법

반은 맞고, 반은 틀립니다. 기업이 돈을 잘 벌어서 순이익이 많아야 배당금을 줄 수 있는데, 얼마나 잘 벌고 있는지는 재무제표에서 확인할 수 있어요. '재무제표'라는 단어만 봐도 책을 덮어버리고 싶은 사람이 있겠지만, 조금만 참고 보세요. 배당투자를 위해 꼭 알아야 할 것들만 추려서 쉽게 설명하겠습니다.

재무제표 중 회사가 돈을 얼마나 잘 버는지를 알기 위해 우리에게 필요한 건 매출액과 영업이익, 당기순이익입니다. 또 주식투자를 하다 보면 'EPS(Earning Per Share)'라는 단어도 자주 보게 돼요. 영어 그대로 '주당순이익'을 말하는데, 기업이 1년 동안 번 돈(당기순이익)을 전체 주식 수로 나눈 값입니다. 쉽게 풀면 주식 1주를 가지고 있을 때 받을 수 있는, 혹은 기업이 지급할 수 있는 최대 배당금이라고 이해하면 됩니다. 배당은 기업이 번 돈을 최대한으로 나눠주는 개념이니까요.

삼성전자 주식을 예로 들면 2025년 EPS(주당순이익)는 6,564원이었고, DPS(배당금)는 1,668원이었습니다. 번 돈이 나눠준 돈보다 훨씬 많으니 배당금 지급에 딱히 문제 될 게 없는 상황이라는 걸 쉽게 알 수 있죠. 이 2가지만 봐도 기업의 배당금 지급 여력을 점검할 수 있는 겁니다.

<table>
<tr><th colspan="5" style="text-align:center">삼성전자 재무제표</th></tr>
<tr><td rowspan="2">주요재무정보</td><td colspan="4" style="text-align:center">연간　　　　　⊖</td></tr>
<tr><td>2023/12
(IFRS연결)</td><td>2024/12
(IFRS연결)</td><td>2025/12
(IFRS연결)</td><td>2026/12(E)
(IFRS연결)</td></tr>
<tr><td>매출액</td><td>2,589,355</td><td>3,008,709</td><td>3,336,059</td><td>5,085,952</td></tr>
<tr><td>영업이익</td><td>65,670</td><td>327,260</td><td>436,011</td><td></td></tr>
<tr><td>영업이익(발표기준)</td><td>65,670</td><td>327,260</td><td>436,011</td><td>1,853,096</td></tr>
<tr><td>세전계속사업이익</td><td>110,063</td><td>375,297</td><td>494,815</td><td>1,886,563</td></tr>
<tr><td>당기순이익</td><td>154,871</td><td>344,514</td><td>452,068</td><td>1,543,331</td></tr>
<tr><td>당기순이익(지배)</td><td>144,734</td><td>336,214</td><td>442,610</td><td>1,532,512</td></tr>
<tr><td>당기순이익(비지배)</td><td>10,137</td><td>8,300</td><td>9,458</td><td></td></tr>
</table>

EPS(원)	2,131	4,950	6,564	22,752
PER(배)	36.84	10.75	18.27	8.27
BPS(원)	52,002	57,981	63,997	85,457
PBR(배)	1.51	0.92	1.87	2.20
현금DPS(원)	1,444	1,446	1,668	1,812
현금배당수익률	1.84	2.72	1.39	0.96
현금배당성향(%)	67.78	29.18	25.10	7.00
발행주식수(보통주)	5,969,782,550	5,969,782,550	5,919,637,922	

(출처: 네이버금융)

매출액

물건이나 서비스를 제공해서 번 전체 돈

영업이익

재료비나 전기세, 인건비, 임대료 등의 비용을 뺀 돈

당기순이익

영업이익에서 세금, 이자 등까지 전부 다 빼고 남은 돈, 순수한 이익

주당순이익(EPS)

당기순이익을 유통 주식 수로 나눈 값

배당금(DPS)

주주들에게 1주당 나눠주는 배당금

배당수익률(투자자 기준)

- 이 가격에 주식 사면 배당으로 얼마 받지? 주가의 몇 %야?

배당수익률은 주식을 샀을 때, 현재 주가 기준으로 1년에 배당금(DPS)을 얼마나 받을 수 있는지를 나타냅니다. 예를 들어 배당금이 3,000원인데, 주가가 100,000원이면 배당수익률은 3%입니다. 배당금은 그대로인데, 주가가 75,000원으로 떨어지면 배당수익률은 4%가 되는 거죠.
주가가 기준입니다. 배당금이 똑같아도 주가가 낮아지면 배당수익률은 올라가고, 주가가 올라가면 배당수익률은 낮아집니다.

$$배당수익률 = (1년\ 치\ 주당\ 배당금\ DPS ÷ 현재\ 주가) × 100$$
$$예)\ (3,000 ÷ 100,000) × 100 = 3\%$$
$$(3,000 ÷ 75,000) × 100 = 4\%$$

배당성향(회사 기준)

– 얼마나 배당해? 순이익의 몇 %야?

배당성향은 그 기업의 주당순이익(EPS) 중 얼마를 배당금(DPS)으로 지급했는지를 나타냅니다. 예를 들어 EPS가 10만 원인데 DPS가 5만 원이면 배당성향은 50%입니다. EPS가 10만 원이고, DPS도 10만 원이면 배당성향은 100%, EPS가 10만 원인데 DPS가 15만 원이면 배당성향은 150%죠. EPS가 기준입니다. EPS가 줄어들거나 DPS가 올라가면 배당성향은 올라가고, 반대의 경우에는 낮아집니다.

$$배당성향 = (1년\ 치\ 주당\ 배당금\ DPS ÷ 회사의\ 1주당\ 순이익\ EPS) × 100$$
$$예)\ (50,000 ÷ 100,000) × 100 = 50\%$$
$$(150,000 ÷ 100,000) × 100 = 150\%$$

많이 준다면 당연히 좋죠. 단, 그 배당이 앞으로도 '쭉 지속된다'는 게 보장되어야 합니다. 그렇지 않다면 위험할 수 있습니다. 예를 들어 배당금은 그대로인데 주가가 하락하면 배당수익률은 올라가고, 배당성향도 높아질 수 있습니다.

배당성향이 낮게 유지된다는 건 회사가 번 돈의 일부만 배당에 쓰고, 나머지는 재투자하고 있다는 뜻이며, 보통은 건전한 재무구조로 해석합니다. 실적이 안정적이거나 성장 가능성이 높은 기업일수록 이런 구조를 유지하려고 노력합니다.

반면에 실적 악화 등 어떤 이슈로 주가가 하락했고 EPS가 낮아졌다고 가정합시다. 그런데도 DPS가 그대로라면 배당성향은 인위적으로 올라가는 거죠. 기업이 무리해서 배당을 유지하고 있을 수 있으니 위험 신호로 받아들여야 합니다.

간혹 배당성향이 높으면 좋은 배당주라고 생각하는 사람들이 있는데, 절대 그렇지 않습니다. 특히 주가 하락으로 배당성향이 높아진 경우라면, 그 기업은 재정적으로 어려운 상황일 가능성이 크죠. 물론 이때가 저가매수 기회일 수도 있지만, 반대로 바닥에 구멍이 나서 조금씩 침몰 중인 배일 수도 있으니 주의해야 합니다. 만약 은퇴용으로 투자한 배당주에 이런 일이 생기면 정말 막막해질 수 있습니다. 이 배당주만 믿고 은퇴했는데, 배당금과 주가가 모두 하락한다고 상상해 보세요.

이론적으로 배당성향이 100%를 초과하면 기업이 번 돈보다 더 많이 배당하고 있다는 뜻입니다. 일시적일 수도 있지만 몇 년간 계속 이런 식이라면 기업에 뭔가 문제가 생겼다고 볼 수 있습니다. 돈을 벌어서 지급하는 게 아니라 회사 비상금 통장을 털어서 배당금을 지급하는 상황일 수 있기 때문이죠. 이런 상황이 길어지면 어느 순간 배당금이 더 이상 나오지 않을 수 있어서 위험합니다.

월급이 300만 원인데 카드값으로 400만 원이 나왔다고 생각해 보세요. 카드값을 월급보다 많이 쓴 게 가장 큰 문제지만, 이미 벌어진 일이니 따로 모아둔 비상금으로 카드값을 갚을 겁니다. 그런데 이게 한두 번이 아니라 계속된다면? 결국 개인파산으로 이어질 겁니다. 신용대출이나 마이너스 통장을 이용하면 당장은 해결할 수 있겠지만, 그 순간부터는 원금에 이자까지 갚아야 하죠. 결국 점점 나빠질 수밖에 없습니다. 기업에도 같은 일이 벌어집니다.

그래서 좋은 배당주는 단순히 배당을 많이 주는 게 아니라, 안정적으로 배당을 '지속할 수 있는' 기업을 말합니다. 배당과 재무의 균형이 무너지면 '고배당'은 오히려 위험 신호일 수 있다는 걸 기억하세요. 이론적으로는 EPS가 꾸준히 증가하고, 배당성향이 50% 이내에서 안정적으로 유지되는 기업이 좋은 배당주입니다.

안타깝게도 한국 주식시장에서는 이런 이상적인 배당 구조를 가진 기업을 찾기가 쉽지 않습니다.

지금까지 살펴본 것처럼 배당금과 관련된 지표만 봐도 기업의 재무 상태를 점검할 수 있고, 배당투자를 위해 주식을 살지 말지 결정할 때도 큰 도움이 됩니다. 여기서는 최대한 쉽게 개념을 이해할 수 있도록 간단히 정리했는데, 자세한 내용을 원한다면 켈리 라이트의 《절대로! 배당은 거짓말하지 않는다》라는 책을 추천할게요.

배당주를 샀는데,
배당금이 안 들어온다?
배당일정

배당투자자에게 돈 받는 날은 매우 중요하죠. 배당하는 주식을 사서 가지고 있으면 주주가 되고, 배당금을 받을 권리가 생깁니다. 그런데 배당금은 도대체 언제 어디로 들어오는 걸까요? 기업이 지정한 날, 즉 '배당기준일'에 주식을 가지고 있어야 주주명단에 올라 배당금을 받을 진짜 권리가 생깁니다. 일반적으로 이 날짜는 기업공시를 통해 발표합니다.

대한민국 국민 주식인 삼성전자를 예로 들어보겠습니다. 삼성전자 주식은 1년에 4번 분기배당합니다. 5월, 8월, 11월, 다음 해 4월 중순입니다. 이날 삼성전자 주식이 들어있는 증권계좌로 배당금을 보내주는데, 이 '지급일'이 배당기준일과 달라서 헷갈립니다.

주식은 부동산과 다르게 1주씩 사고팔기가 쉽다 보니, 기업에서는 원활한 배당금을 지급하기 위해 '배당기준일'이라는 걸 정해 놓았습니다. 배당기준일 전까지 주식을 가지고 있는 주주한테만 배당금을 받을 권리가 생기는 거죠. 이날을 기준으로 배당금을 받을 주주명단을 만듭니다. 쉽게 말해 배당기준일 이후에 주식을 사면 내 증권계좌에 주식이 있어도 배당금을 받을 수 없다는 뜻입니다. 주주명단에 들어가지 못했으니까요.

예를 들어 8월에 지급하는 배당금의 배당기준일은 6월 말입니다. 만약 내가 7월에 삼성전자 주식을 사서 12월까지 쭉 가지고 있었더라도, 8월 중순에 들어오는 배당금은 받지 못하는 겁니다. 배당기준일은 6월이었으니까요. 이런 경우라면 11월 배당금부터 받을 수 있습니다.

여기서 중요한 조건이 하나 더 있습니다. 정확히는 배당기준일에서 2영업일을 뺀 날까지 주식을 매수하거나 가지고 있어야 합니다. 이날까지 증권계좌에 있는 주식 수에 따라 배당금이 내 계좌로 들어옵니다. 예를 들어 삼성전자 1주당 배당금이 100원이고, 100주를 가지고 있다면 10,000원을 받습니다(100주 × 100원).

배당금을 받을 수 있는 마감 시점은 '배당기준일 - 2영업일', 즉 2일 전이라는 걸 꼭 기억하세요. '영업일'은 말 그대로 영업하는 날입니다. 은행에 갈 일 있으면 은행이 열려 있는 평일에 가야죠? 마찬가지로 배당은 주식투자니까 주식시장이 열리는 하루가 '1영업일'입니다. 만약 배당기준일이 금요일이면 2영업일 전은 수요일이지만, 배당기준일이 월요일이면 2영업일 전은 지난주 목요일입니다. 토요일과 일요일이 쉬는 날이라 주식시장이 열리지 않으니까요. 사이에 공휴일이 끼어있으면 당연히 주말처럼 날짜 계산에서 빼야 합니다.

예) 배당기준일이 월요일이라면 마감 시점은 목요일(-2영업일)
화 수 (목) 금 토 일 (월) 화 수 목 금 토 일

예) 배당기준일이 금요일이라면 마감 시점은 수요일(-2영업일)
월 화 (수) 목 (금) 토 일

<table>
<tr><td colspan="7" align="center">2026.06</td></tr>
<tr><th>일</th><th>월</th><th>화</th><th>수</th><th>목</th><th>금</th><th>토</th></tr>
<tr><td>30</td><td>1</td><td>2</td><td>3</td><td>4</td><td>5</td><td>6</td></tr>
<tr><td>7</td><td>8</td><td>9</td><td>10</td><td>11</td><td>12</td><td>13</td></tr>
<tr><td>14</td><td>15</td><td>16</td><td>17</td><td>18</td><td>19</td><td>20</td></tr>
<tr><td>21</td><td>22</td><td>23</td><td>24</td><td>25</td><td>26
매수 마감</td><td>27</td></tr>
<tr><td>28</td><td>29
배당락일</td><td>30
배당기준일</td><td>1</td><td>2</td><td>3</td><td>4</td></tr>
</table>

<table>
<tr><td colspan="7" align="center">2026.09</td></tr>
<tr><th>일</th><th>월</th><th>화</th><th>수</th><th>목</th><th>금</th><th>토</th></tr>
<tr><td>30</td><td>31</td><td>1</td><td>2</td><td>3</td><td>4</td><td>5</td></tr>
<tr><td>6</td><td>7</td><td>8</td><td>9</td><td>10</td><td>11</td><td>12</td></tr>
<tr><td>13</td><td>14</td><td>15</td><td>16</td><td>17</td><td>18</td><td>19</td></tr>
<tr><td>20</td><td>21</td><td>22</td><td>23</td><td>24</td><td>25
추석</td><td>26</td></tr>
<tr><td>27</td><td>28
매수 마감</td><td>29
배당기준일</td><td>30
배당기준일</td><td>1</td><td>2</td><td>3</td></tr>
</table>

<table>
<tr><td colspan="7" align="center">2026.12</td></tr>
<tr><th>일</th><th>월</th><th>화</th><th>수</th><th>목</th><th>금</th><th>토</th></tr>
<tr><td>29</td><td>30</td><td>1</td><td>2</td><td>3</td><td>4</td><td>5</td></tr>
<tr><td>6</td><td>7</td><td>8</td><td>9</td><td>10</td><td>11</td><td>12</td></tr>
<tr><td>13</td><td>14</td><td>15</td><td>16</td><td>17</td><td>18</td><td>19</td></tr>
<tr><td>20</td><td>21</td><td>22</td><td>23</td><td>24</td><td>25
성탄절</td><td>26</td></tr>
<tr><td>27</td><td>28
매수 마감</td><td>29
배당락일</td><td>30
배당기준일</td><td>31
연말휴장일</td><td>1</td><td>2</td></tr>
</table>

* 위는 이해를 돕기 위한 예시입니다.
  실제 배당 일정은 공휴일 등으로 매년 달라질 수 있으니 반드시 기업 공시를 확인하세요.

2영업일 전까지 주식을 사야 하는 이유(한국)

왜 1영업일 즉 하루 전이 아니고, 이틀 전일까요? 옷이나 음식은 돈 내고 사면 바로 내 소유가 되죠? 일반 쇼핑과 달리 주식은 결제 프로세스가 매우 복잡해서 2일이라는 시간이 필요합니다.

간단히 살펴볼게요. 투자자가 주식시장에서 주식을 매입하면, 한국거래소에서 1차 작업을 진행합니다. 이후에 한국예탁결제원에서는 증권을, 은행에서는 대금을 결제합니다. 이처럼 여러 기관이 복잡하게 엮여 있다 보니 원활한 처리를 위해 시간이 필요합니다. 옛날에는 결제주기가 무려 5영업일이나 필요했다고 하네요. 1972년에 2영업일로 당겨지고 지금까지 유지되고 있습니다.

온라인 커뮤니티에 "주식을 팔았는데 왜 바로 인출이 안 되나요?"라는 질문이 종종 올라오는데, 같은 이유입니다. 참고로 이 시스템은 주식 매수뿐만 아니라 매도에도 적용됩니다. 그래서 주식을 팔아도 당장 증권계좌에서 주식을 판 돈을 인출할 수 없는 겁니다. 이때도 매도 체결일 빼고 2영업일 뒤에 현금으로 바뀝니다. 실제 돈과 주식을 교환하는 시점은 거래 체결일 ±2영업일이라는 사실을 기억하세요.

배당투자뿐만 아니라 주식을 팔아서 자동차나 내 집 마련, 비상금 등을 확보할 때도 마찬가지라서 반드시 알고 있어야 하는 상식입니다. 내일 아파트 잔금일이라 '오늘 주식을 팔고 내일 아침에 계좌이체 해야겠다' 생각하고 꿀잠을 잤다면 다음 날 진짜 인생 꼬일 수 있으니 조심해야 합니다.

지금은 배당투자 기초부터 설명하기 위해 익숙한 한국 주식으로 설명하지만, 나중에 미국 주식도 이야기할 겁니다. 미리 말하자면 미국 주식은 ±1 영업일입니다. 배당기준일 하루 전까지만 주식을 매수하면 배당금을 받을 권리가 생긴다는 뜻입니다. 나라별로 주식 결제일은 조금씩 다르니, 만약 다른 나라 배당주 투자에 관심이 생겼다면 이 부분도 미리 확인하세요. 그냥 사면 끝인 줄 알았는데 은근히 복잡한 시스템이죠?

국가	주식 결제일
한국	T + 2
미국	T + 1
중국A	T + 1
홍콩	T + 2
영국	T + 2
프랑스	T + 2
인도	T + 1

* T = Transaction Date, 실제로 주식을 매수한 날, 주식 거래일

매매체결일		결제대금 및 증권의 수수	결제 불이행시 반대매매
매매체결일	매매체결일 + 1일	매매체결일 + 2일	매매체결일 + 3일

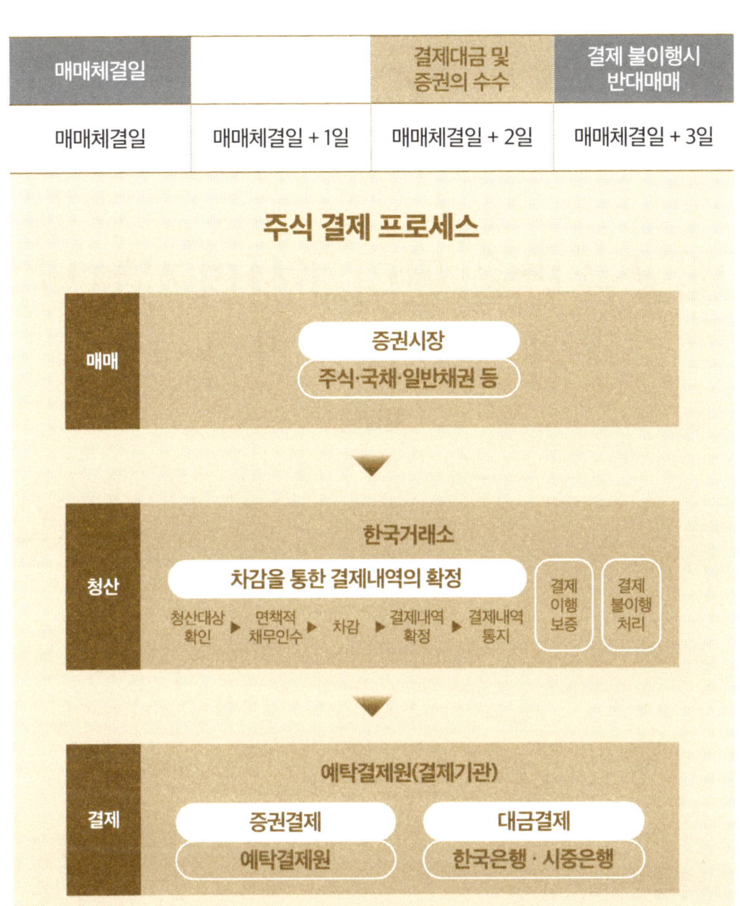

배당금 받을 권리가 사라지는 날, 주가까지 내려간다고?

배당락

배당락이라는 단어에서 '락(落)'은 한자어로 '떨어질 락'입니다. 앞에서 배당금을 받으려면 배당기준일 2영업일 전까지 주식을 매수해야 한다고 설명했습니다. 배당기준일 다음 영업일을 '배당락일'이라고 부르며, 이날부터는 주식을 사더라도 배당을 받을 권리가 사라집니다. '배당받을 주주명단에서 떨어졌으니, 주식을 매수해도 배당금을 받을 수 없다'라고 이해하세요.

그런데 이 배당락일에는 또 다른 특징이 있습니다. 글자 그대로 '주가가 떨어지는 날'이라는 의미도 있는데, 왜 이런 일이 발생할까요? 배당은 기업이 벌어들인 이익의 일부나 전부를 주주에게 나눠주는 것입니다. 그리고 주가는 기업의 전체 가치를 반영하는 수치죠. 예를 들어 시가총액 2조 원인 회사는, 아주 단순하게 말하면 기업 전체를 2조 원에 살 수 있다는 뜻이기도 합니다. 이 가격엔 장비, 부동산, 브랜드 가치 등만이 아니라 현금도 포함돼 있습니다.

기업이 가진 현금을 배당금으로 지급하면, 당연히 그만큼 자산이 줄어들게 됩니다. 따라서 배당락일에는 그 배당금만큼 기업 가치가 빠진다는 의미에서 주가가 하락하게 되는 거예요. 물론 실제 시장은 이렇게 단순하게 움직이진 않습니다. 이론적으로 배당금만큼 하락해야 하지만, 투자 심리에 따라 매도세가 이어지면서 추가 하락하는 일도 자주 나타납니다.

"배당받고 주가가 떨어지면 무슨 의미가 있어요?

그럴 바엔 그냥 은행에 예금 넣고 이자 받는 게 더 이득인 것 같아요. 주식은 떨어질 수도 있지만, 은행 예·적금은 원금이 보장되잖아요."

이렇게 생각할 수 있습니다. 게다가 한국에서는 배당금을 받으면 15.4%의 세금까지 떼고 들어오니까 실제로는 더 손해처럼 느껴지기도 하죠. 하지만 배당투자의 본질은 단기 시세차익이 아니라, 장기적인 현금흐름과 기업 성장의 결합이라는 걸 알아야 합니다. 매달 배당금을 받을 수 있고, 주가상승으로 내 자산이 늘어나는 게 배당투자입니다. 그렇게 하려고 이 책을 보고 있는 거고요.

주가는 결국 기업의 미래가치를 반영합니다. 배당락일에 일시적으로 떨어질 수는 있지만, 기업의 매출과 순이익이 성장한다면 다시 회복하고 더 올라갈 겁니다. 이런 기업은 배당도 지속적으로 늘리는 경우가 많습니다. 그래서 배당투자자라면 단기적인 주가 변동에 흔들리기보다는 기업의 수익성과 성장성, 배당 지속 가능성에 집중해야 하죠.

예를 들어, 1년 순이익이 1억인 음식점이 있다고 가정해 볼게요. 돈은 많이 벌어서 좋은데 운영하기가 너무 힘들고, 매출도 더 이상 늘지 않는 상황이라 고민이 많습니다. 그런데 몇몇 대기업에서 가게를 5억에 넘기는 게 어떻겠냐는 제안이 들어왔습니다.

사장님은 고민합니다. 그 결과 5년 치 돈을 한 번에 벌 수 있는 좋은 기회이긴 하지만, 그동안 가게에 정도 많이 들었고, 곧 신메뉴도 출시할 예정이라 1년만 더 해보기로 했습니다. 다행히 신메뉴가 대박이 나면서 1년 순수익이 1억에서 3억으로 꾸준히 늘었습니다.

상황이 이렇다면 대기업에서는 가게 사장님한테 얼마를 제시해야 할까요? 전처럼 그대로 5억을 제시할 수 있을까요? 제가 사장이라면 절대 5억에 팔지 않을 겁니다. 먼 미래에도 계속 매출이 잘 나올지는 모르지만, 앞으로 2년만 열심히 하면 6억은 벌기 때문이죠.

이 관점에서 주가를 생각하면 쉽습니다. 기업이 버는 돈이 전보다 꾸준히 는다면 주가 역시 따라갑니다. 물론 실제로는 워낙 다양한 변수에 의해 결정되기 때문에 버는 돈이 늘었다고 주가가 바로 오르거나, 버는 돈이 줄었다고 바로 떨어지지는 않습니다. 하지만 결국 비슷한 흐름을 따라갑니다. 시가총액이 그 기업의 가치고, 시가총액은 '주가 × 주식 수'이니까요.

사실 주가를 만드는 중요한 요소 중에는 '기대감'이라는 게 하나 더 있습니다. 말 그대로 '이 기업은 미래에도 잘 나갈 거야'라는 기대감이 주가에 반영되는 거죠.

삼성전자 주가 차트를 볼까요? 주춤했던 기간도 있었지만, 길게 보면 주가도 꾸준히 오르는 모습입니다. 배당금을 매년, 매 분기 지급했어도 기업이 버는 돈이 늘어나니 자연스럽게 기업 가치인 주가도 꾸준히 오르는 겁니다. 버는 돈이 있으니, 배당금도 지속적으로 나오고요. 배당락을 걱정할 필요가 없죠.

여기에 배당투자의 핵심이 있습니다. 안정적인 배당투자를 하려면 지금도 돈을 잘 벌고 있고, 앞으로도 잘 벌 기업에 투자해야 한다는 사실입니다. 그래야 배당금도 매년 잘 나오고, 계좌 총자산도 지킬 수 있으니까요.

삼성전자 주가

삼성전자
KRX: 005930
204,750 KRW
+192,990.00 (1,641.07%) ↑ 전체 기간
2월 25일 PM 1:44 GMT+9 • 면책조항
1일   5일   1개월   6개월   연중   1년   5년   최대
30,300 KRW 2012년 12월 14일
20만
15만
10만
5만
0
2008년   2011년   2014년   2017년   2020년   2023년   2026년
(출처: Google)

SK하이닉스 주가

SK하이닉스
KRX: 000660
1,027,000 KRW
+1,004,000.00 (4,365.22%) ↑ 전체 기
2월 25일 PM 1:44 GMT+9 • 면책조항
1일   5일   1개월
삼성전자, SK하이닉스 모두 시간이
지날수록 버는 돈이 늘어나니 주가도
우상향하는 모습입니다.
최대
100만
50만
0
2008년   2011년   2014년   2017년   2020년   2023년   2026년
(출처: Google)

한국 주식에서 배당일정을 확인하는 방법
금융감독원 전자공시시스템, 다트

배당금을 1년에 몇 번 주는지에 따라 기업의 배당기준일이 다릅니다. 그래도 한국 주식은 다른 나라와 달리 나름 통일되어 있습니다. 우선 1년에 배당금을 1번만 주는 주식은 대부분 12월 마지막 거래일이 배당기준일입니다. 1년에 4번인 주식들, 예를 들어 삼성전자 주식은 3, 6, 9, 12월 마지막 주식 거래일이 배당기준일입니다.

기업마다 달라서 내가 투자하는 기업이 배당금을 언제, 얼마나 주는지는 직접 확인해야 합니다. 방법은 간단합니다. 전자공시시스템, 흔히 '다트'라고 부르는 사이트에서 누구나 쉽게 확인할 수 있어요. 네이버에 '다트'라고 검색하면 나옵니다. 국내 상장기업들의 공시나 실적, 배당지급 등 거의 모든 정보가 올라오니, 꼭 배당 투자가 아니라도 한국 주식에 투자한다면 다트를 자주 이용하면 좋습니다.

한국 주식시장도 이제 미국처럼 배당기준일 전에 배당금이 얼마나 나올지 공시하는 문화가 정착되고 있습니다. 옛날에는 배당금이 얼마나 나올지도 모르는 상태에서 배당기준일만 있었어요. 그래서 배당투자를 제대로 하기 어려웠는데 좋은 변화라고 생각합니다. 이렇게 바뀌면서 기업별 배당기준일도 전과 달라지는 모습이라 관심을 가지고 살펴봐야 합니다.

일단 우리는 기업의 배당금과 배당기준일 확인이 목적이니까 같이 검색해 보겠습니다. 늘 그렇듯이 '삼성전자'를 기준으로 봅시다. 다트에 들어간 후 회사명에 '삼성전자'를 입력하고 '검색'을 누릅니다. 아래 '상세조건열기'를 클릭한 후 '보고서명'에 '배당'을 입력하고 다시 '검색'을 누릅니다.

그러면 '현금·현물배당결정'이라는 보고서가 나타납니다. 이걸 누르면 삼성전자가 배당금을 얼마나 줄 예정이고, 배당기준일이 언제였다는 걸 확인할 수 있습니다. 기간을 과거로 설정해서 검색하면 이 기업의 배당금 지급 주기가 얼마나 되는지도 볼 수 있으니 관심 있는 기업을 검색해 보세요.

(출처: dart.fss.or.kr)

DART 유 삼성전자

본문: 2026.01.29 현금 · 현물배당결정

첨부: +첨부선택+

☞ 본 공시사항은 [한국거래소 유가증권시장본부] 소관사항입니다.

현금 · 현물배당 결정

1. 배당구분		결산배당
2. 배당종류		현금배당
- 현물자산의 상세내역		-
3. 1주당 배당금(원)	보통주식	566
	종류주식	567
- 차등배당 여부		미해당
4. 시가배당율(%)	보통주식	0.5
	종류주식	0.7
5. 배당금총액(원)		3,753,484,329,311
6. 배당기준일		2025-12-31
7. 배당금지급 예정일자		-
8. 주주총회 개최여부		개최
9. 주주총회 예정일자		-
10. 이사회결의일(결정일)		2026-01-28
- 사외이사 참석여부	참석(명)	6
	불참(명)	0
- 감사(사외이사가 아닌 감사위원) 참석여부		-
11. 기타 투자판단과 관련한 중요사항		
- 상기 내용은 외부감사인의 감사결과 및 주주총회 승인과정에서 변경될 수 있음.		

(출처: dart.fss.or.kr)

예) 삼성전자 1분기 배당일정

매수마감일: 2026년 3월 27일(금요일, 배당기준일에서 -2영업일)

배당락일: 2026년 3월 30일(월요일)

배당기준일: 2026년 3월 31일(화요일)

배당지급일: 2026년 5월 중순 예정

실전 배당투자 용어,
이 정도면 충분하다

1장에서는 배당투자를 시작했을 때 가장 많이 만나게 되는 용어들이 무엇인지, 각 용어가 배당투자의 흐름에서 어떤 의미가 있고, 무엇을 주의해야 하는지 알아보았습니다. 지금까지 배운 용어를 요약해서 정리하니 중간중간 막히거나 헷갈릴 때 이곳을 참고하세요.

당기순이익

기업이 1년 동안 번 돈. 전체 매출액이나 영업이익이 아니라 전체 비용과 세금을 뺀 순수한 이익을 말합니다.

예) 김밥을 100만 원어치 팔았어. 재료비, 인건비, 임대료가 80

만 원이고, 대출이자랑 세금이 5만 원이야. 그래서 순이익은 15만 원인 거지.

- 전체 매출: 100만 원
- 영업이익 20만 원: 매출 100만 원 - 운영비용 80만 원
- 순이익 15만 원: 영업이익 20만 원 - 기타 비용 5만 원

주당순이익(EPS, Earning Per Share)

기업이 1년 동안 번 돈(당기순이익)을 전체 주식 수로 나눈 값. 이론적으로는 주식 1주를 가지고 있을 때 받을 수 있는, 혹은 기업이 지급할 수 있는 최대 배당금이라고 이해하면 됩니다. 배당금은 기업이 버는 돈을 최대한 나눠주는 개념이니까요.

배당금(DPS, Dividends Per Share)

'Dividends(디비던드)'는 우리말로 '배당'입니다. 말 그대로 주식 1개를 가지고 있을 때 받는 배당금을 뜻합니다.

배당수익률(%)

'지금 내가 주식 1주를 사면 배당금이 얼마일지'를 퍼센트(%)로 계산한 값입니다. 1주당 배당금을 현재 주가로 나누면 됩니다. 예를 들어 지금 KT&G 주가가 100,000원이고 배당금이 5,200원이면

(5,200원 ÷ 100,000원) × 100 = 5.2%가 되는 겁니다.

배당성향(%)

(배당금 DPS ÷ 주당순이익 EPS) × 100으로 계산한 값입니다. 기업이 번 돈 중 주주들에게 실제로 준 배당금 비율을 알려주는 거죠. 이론적으로 배당성향이 100%면 기업이 버는 돈을 배당금으로 전부 준다는 뜻입니다.

배당일정

지급일로부터 -2영업일, 즉 2일 전까지 주식을 사야 주주명부에 올라 배당금을 받을 수 있습니다. 주말이나 공휴일을 뺀, 실제로 영업하는 날짜 기준입니다. 참고로 미국은 -1영업일입니다.

- 배당마감일: 이날까지 주식을 사야 주주명부에 올라감(-2 영업일)
- 배당락일: 이날부터는 주식을 사도 배당금을 못 받음, 배당기준일 하루 전(-1 영업일)
- 배당기준일: 배당금을 줄 주주명부를 확정하는 날(당일)
- 배당지급일: 배당금 주는 날

배당 ETF로 월 400만 원 현금흐름 만들기

2장

·

배당투자는 미국 주식이라고 말하는 이유

주주에게 진심이다
주주환원율, 배당금, 자사주 매입

"배당금으로 생활비를 충당할 세팅을 했는데, 배당금이 줄어들면 어떡해요?"

이 책을 보고 있는 이유는 배당주로 제2의 월급을 만들고, 경제적 자유를 얻기 위해서입니다. 그런데 내가 설계한 대로 꾸준히 배당금이 나오지 않는다면? 한 달에 200만 원을 배당금으로 받아서 생활하는 것으로 투자를 세팅했는데, 갑자기 150만 원밖에 안 들어오면? 가뜩이나 월급 빼고 다 미친 듯이 오르는 세상인데 배당금이 늘지는 못할망정 줄어든다면 생각만 해도 아찔하죠.

유명한 배당주들을 찾아 매년 지급했던 배당금을 하나씩 기록해 보면 배당금이 줄어드는 주식이 생각보다 많다는 걸 알게 됩니다. 예를 들어 많이들 주거래 은행으로 이용하는 국민은행의 'KB금융' 주식 배당금을 살펴볼까요.

기본적으로 매년 배당금이 느는 모양이지만 2020년에는 2,210원에서 1,770원으로 확 줄었던 적이 있습니다. 갑자기 20% 가까이 감소했죠. 심지어 이 기간에 기업이 버는 돈이 늘었는데도 말입니다. 크게 와닿지 않을 수 있는데 내 월급이 별도 통지 없이 20%나 적게 들어왔다고 상상해 보세요. 그렇다면 배당투자자는 기업이 배당금을 매년 올려주길 기도할 수밖에 없는 걸까요?

KB금융 재무제표

주요 **재무지표** ○연환산 ●연간 ○분기 단위: 억원

	2023.12	2022.12	2021.12	2020.12	2019.12	2018.12	2017.12	2016.12	2015.12
매출액	774,828	830,621	589,176	556,802	471,697	420,271	392,293	253,558	222,333
영업이익	64,353	52,892	60,976	46,343	44,906	42,675	40,153	16,769	18,211
순이익(지배)	46,319	41,530	44,095	34,684	33,118	30,612	33,114	21,437	16,983
영업이익률(%)	8.31	6.37	10.35	8.32	9.52	10.15	10.24	6.61	8.19
순이익률(%)	5.98	5.00	7.48	6.23	7.02	7.28	8.44	8.45	7.64
ROE(%)	8.14	7.86	9.29	9.15	9.59	9.57	9.73	6.92	5.92
주당배당금(원)	3,060	2,950	2,940	1,770	2,210	[illegible]20	1,920	1,250	980
배당성향(%)	25.2	27.7	26.0	19.9	26.0	24.8	23.2	23.2	22.3
배당수익률(%)	5.7	6.1	5.3	4.1	4.6	4.1	3.0	2.9	3.0
EPS(연결지배)	11,440	10,097	10,605	8,341	7,923	7,321	7,920	5,459	4,396
EPS(개별)	5,239	4,095	3,460	3,317	1,785	2,214	1,324	1,503	630
PER(배)	6.04	4.78	5.19	5.20	5.98	6.35	8.01	8.35	7.54
BPS(지분법)	150,344	135,583	121,808	109,191	98,898	90,264	85,302	77,815	74,234
PBR(배)	0.49	0.38	0.48	0.42	0.51	0.54	0.78	0.58	0.45

(출처: KB증권)

이런 상황은 배당투자에서 일어날 수 있는 최악의 시나리오 중 하나입니다. 배당은 기업이 번 돈을 주주에게 나눠주는 건데, 바꿔 말하면 기업이 돈을 예전만큼 못 벌면 배당금이 줄어들 수도 있는 겁니다.

앞에서 말한 것처럼, 회사가 버는 돈이 줄었다고 무조건 배당금도 줄어드는 건 아닙니다. 배당금은 그대로인데, 버는 돈이 줄었다면 배당성향이 올라갑니다. 배당금을 그대로 유지하는 대신 회사가 새로운 사업이나 R&D에 쓸 투자금이 줄어들겠죠. 여기서 당장의 배당에 집중할지, 아니면 사업에 더 투자해서 나중에 더 많은 배당금으로 보상할지는 대주주와 경영진들이 선택합니다.

직장인이라면 체감하겠지만, 경기가 안 좋아 회사 매출과 이익이 모두 줄면 비상경영을 발표하는 경우가 많습니다. 제가 다니던 회사는 연초마다 비상경영을 발표했는데, 그러면 마케팅비나 출장비 예산 등이 전부 줄었습니다. 비상이 일상이라 나중에는 큰 감흥이 사라지더군요.

진짜 어려운 상황이라면 각종 사업 유지 비용뿐만 아니라 배당금도 줄어들 수 있겠죠. 회사로서는 배당금을 지급하면 갖고 있던 현금이 사라지는 거니까요. 그래서 배당주에 투자할 때는 단순히 배당금이 얼마인지보다 이 기업이 꾸준히 돈을 잘 벌어왔고, 앞으로도 그럴 수 있을지를 판단하는 게 중요합니다.

참고로 KB금융 같은 은행 주식은 실적 말고도 특별한 변수가 있습니다. 혹시라도 금융시스템이 잘못되면 서민들의 생활에 치명적이기 때문에, 국가에서 배당금 지급을 제한하기도 합니다. 이런 경향은 다른 나라도 비슷한데, 우리나라가 조금 더 보수적인 것 같아요.

"당장 내일 점심 메뉴도 예측불가인데, 기업이 꾸준히 돈을 잘 벌지를 어떻게 알 수 있나요?"

아쉽지만 지금 아무리 잘나가는 기업이라도 언제 망할지는 아무도 모릅니다. 그래서 매년 배당금을 줄이지 않고 꾸준히 줄 기업인지 아닌지를 정확히 판단할 수 있는 공식도 없습니다. 게다가 한국 기업들은 애초에 배당금 지급 같은 주주환원 정책에 인색하다 보니, 돈을 잘 벌었어도 배당금을 늘리지 않거나 오히려 줄이는 경우도 많습니다.

배당투자가 목표라면 한국 주식보다 미국 주식을 추천하는 이유 중 하나가 이것입니다. 미국은 한국보다 주주를 잘 챙겨주는 주주환원 문화가 발달했기 때문에 배당투자자의 천국이라 할 수 있죠. 물론 미국 기업이라고 버는 돈을 전부 주주에게 나눠주는 건 아닙니다. 버는 돈을 배당금으로 다 써버리면 미래를 위해 투

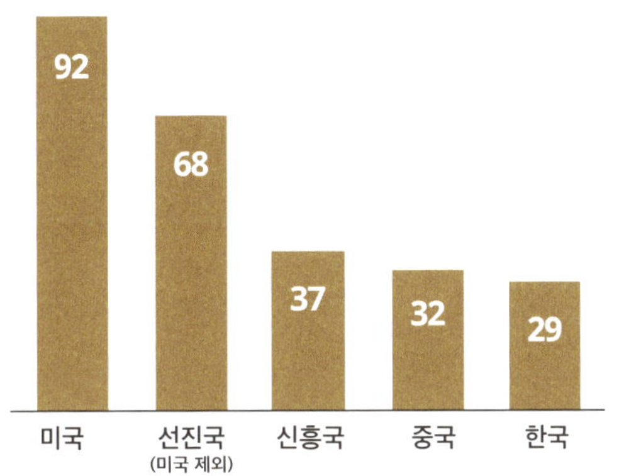

자할 수 없으니까요. 그랬다간 경쟁에서 밀려 역사 속으로 사라질 겁니다.

버는 돈 전부를 배당금으로 지급하지는 않지만, 미국 기업은 1년에 4번 배당금을 지급하는 기업이 많고(분기배당), 가능한 한 배당금도 매년 올려줍니다. 매년 배당금을 올려주는 것을 주주와의 약속으로 생각하고 최대한 지키려고 노력하죠.

실제로 미국과 선진국, 신흥국, 중국, 한국 주식시장의 지난 10년간 주주환원율을 비교해 보면 한국이 꼴등입니다. 단순하게 말하면 한국 기업은 100원을 벌면 29원을 주주에게 돌려주는데, 미국은 92원을 돌려줍니다. 상대가 안 되죠? 심지어 자본주의가 아닌 중국도 주주환원율이 32인데, 한국은 이보다도 낮아요. 심각한 상황입니다.

이 숫자만 봐도 배당투자라면 한국보다 미국 주식이 정답이라는 사실을 알 수 있습니다. 단, 여기서 나오는 주주환원이 배당금만 의미하지는 않습니다. 애플이나 마이크로소프트 같은 기업들은 1년에 100조 원 넘게 버는데, 실제 배당금은 그만큼이 아닙니다. 그런데 주주환원율이 어떻게 92%나 될 수 있을까요?

기업의 주주 사랑 고백, 자사주 매입

사실 주주환원에는 배당금 지급 말고 방법이 하나 더 있습니다. '자사주 매입'이라는 정책이죠. 말 그대로 기업이 직접 자기 회사 주식을 사는 겁니다. 그래서 배당금 지급액과 자사주 매입액을 더한 값을 순이익으로 나눈 것이 주주환원율입니다.

기업이 왜 자기 주식을 사는 걸까요? 그리고 그게 왜 주주환원 정책일까요? 기업이 자사주를 사면 주식시장에 유통되는 주식 수가 그만큼 줄어듭니다. 결과적으로 주당순이익(EPS)이 증가하는 효과가 발생하죠. 뭐든 흔하면 싸지고 귀하면 비싸지는 것처럼, 다른 모든 변수가 그대로인데 주식 수만 줄어들면 주가상승으로 이어집니다.

게다가 기업의 자사주 매입은 배당처럼 세금이 붙지 않기 때문에, 배당금 지급보다 자사주 매입이 더 효과적인 주주환원 정책이라고 생각하는 사람도 많습니다. 기업이 주주들에게 배당금을 지급하려면 15.4%(미국은 15%)의 세금을 떼고 나눠줘야 하는데, 자사주 매입은 따로 세금 낼 필요가 없기 때문이죠. 즉, 자사주 매입은 배당금 지급보다 15% 더 많이 주주들에게 돌려주는 셈입니다.

어떤 방식이 더 좋다 나쁘다 단정하긴 어렵습니다. 생활비로 사용할 투자자라면 당연히 배당금으로 받는 게 좋을 거고, 당장 배당금이 필요 없는 투자자라면 자사주 매입이 더 좋을 수도 있으니까요.

배당금 지급과 자사주 매입, 이 2가지 주주환원 정책 중 어디에 더 집중할지는 기업마다 다릅니다. 배당금 지급에 집중하는 기업이 있고, 자사주 매입에 집중하는 기업이 있어요. 둘 다 하기도 하고요. 자사주 매입에 진심인 대표기업으로는 애플이 있습니다. 애플은 약 10년 동안 자사주 매입에 6,200억 달러(약 830조 원)를 사용했습니다. 자사주 매입 금액만 봐도 우리나라 시가총액 1등인 삼성전자보다 크죠. 애플뿐만 아니라 이름만 들어도 알 수 있는 미국 기업들 대부분은 자사주 매입과 배당금 지급에 적극적입니다.

안타깝지만 한국 기업들의 주주환원 정책과는 비교할 수 없을 정도입니다. 지난 10년간 알파벳은 1,930억 달러(약 258조 원), 마

이크로소프트는 1,800억 달러(약 241조 원), 메타 플랫폼(페이스북)

도 1,300억 달러(약 174조 원)를 자사주 매입에 사용했으니까요.

나한테 맞는 배당 포트폴리오를 쉽게 만들 수 있다
배당주기

미국 배당투자의 장점에 좀 더 집중해 볼게요. 한국 주식은 대부분 연 1회 배당이었는데 이제 조금씩 반기배당, 분기배당이 늘고 있습니다. 반면 미국 주식은 분기배당이 기본이라서 여기서부터 투자자에게 유리합니다. 월급을 매월 받는 게 아니라 1년에 한 번 몰아서 받는다고 생각해 봅시다. 어떨 것 같나요? 받을 때는 좋지만 결국은 후회할 겁니다.

1달에 300만 원씩 받는 거랑 1년에 1번 3,600만 원을 받는 거랑 총금액은 같아도 나눠서 받는 게 소비 계획을 세우기에도 좋기 때문입니다. 돈이 한 번에 들어오면 오히려 필요 없는 지출이 늘기 쉽습니다. 1년 동안 참고 참았던 지름신이 제대로 오면, 마지막 몇 달은 다시 컵라면만 먹고 버텨야 할지도 모르죠. 이런 관점에서 같은 돈이라도 1년에 배당금 받는 횟수가 많을수록 좋다고 생각합니다.

배당금이 1년에 1번이 아니라 4번 들어오면 주식을 팔지 않고 계속 가지고 있게 만드는 심리적 효과도 있습니다. 10분짜리 유튜브 영상도 길어서 잘 안 보는 세상인데, 1년에 1번은 솔직히 너무 깁니다. 기다리는 동안 투자한 종목의 주가가 계속 하락하기라도 하면 더 미치죠. 당장 팔아 치우고 오를 만한 주식으로 갈아타고 싶기 마련입니다.

그런데 3개월에 1번, 잊을 만하면 한 번씩 배당금이 들어온다면 어떨까요? 돈이 계좌로 들어오는 걸 두 눈으로 직접 확인할 때마다 어지간하면 이 배당주를 그대로 갖고 있자는 마음이 듭니다. 저도 마찬가지였습니다. 2020년 코로나19 팬데믹과 2022년 고금리 하락장을 거치면서 주가가 너무 하락하고, 그 기간까지 길어지니 팔고 싶었습니다. 하지만 주기적으로 들어오는 배당금을 보면서 버텨보자는 생각이 들더군요.

요즘 한국에서도 매월 배당금을 지급하는 월배당 ETF가 인기를 끌기 시작했죠? 미국에서는 ETF뿐만 아니라 개별기업 주식도 예전부터 매월 배당금을 지급하는 기업이 많았습니다. 저도 파이어족이 되기 위해 꾸준히 모았던 종목인데, 리얼티인컴(Realty

Income)이라는 부동산 리츠 주식이 대표적입니다. 이 회사는 월
배당에 진심이라 회사 로고에 아예 월배당(Monthly Dividend)이라
는 문구를 넣어놨어요.

　　리얼티인컴 이야기가 나온 김에, 이 주식이 얼마나 대단한지 조
금 다뤄보자면 2026년 2월 기준 667번째 연속으로 월 배당금을 지
급했습니다. 거기다가 113분기 연속으로 배당금을 올려줬죠. 월
배당 주식 중 시가총액이 가장 큽니다. 배당에 충실하고, 시가총
액도 크니 그만큼 안정적이라 현금이 매달 필요한 은퇴 준비 포트
폴리오 단골이기도 합니다.

배당률은 5~6% 수준으로 괜찮지만, 부동산을 임대해서 받는 수익을 배당하는 리츠(REITs) 종목이라 아무래도 금리에 영향을 많이 받습니다. 우리가 잘 아는 월마트나 세븐일레븐, 페덱스 등이 리얼티인컴 부동산을 임차하고 있고, 배당성향은 70~80%로 건전한 편입니다.

저 역시 매월 중순에 리얼티인컴 월 배당금을 받았는데 3개월마다 배당금이 조금씩 늘어납니다. 정말 든든한 주식이에요. 리얼티인컴 월 배당금으로 아파트 관리비를 낸 적도 있습니다. 3개월마다 배당금이 조금씩 오르면 1년에 무려 4번인데 덕분에 매년 오르는 도시가스비나 전기료, 수도세도 크게 걱정하지 않았습니다.

참고로 리얼티인컴은 현재 매월 1주당 약 0.27달러를 지급합니다(2026년 2월 기준). 달러 환율 1,460원을 기준으로 할 때 원화로 대략 394원입니다. 적어 보이지만 꾸준히 모으면 저처럼 아파트 관리비를 배당금으로 해결할 수 있는 정도에 도달합니다. 리얼티인컴 말고도 월 배당금을 주는 기업이 미국에 정말 많으니 각자 투자하고 싶은 종목을 찾아야 합니다. 미국시장은 월배당 주식이 너무 많아서 선택장애가 올 정도니까요.

만약 월배당 종목만 찾고 싶다면 디비던드닷컴(www.dividend.com)을 이용하면 됩니다. 월배당 주식이 100개가 넘기 때문에 다 볼 수도 없겠지만, 그 중 관심 있는 기업을 하나씩 찾아보세요. 앞

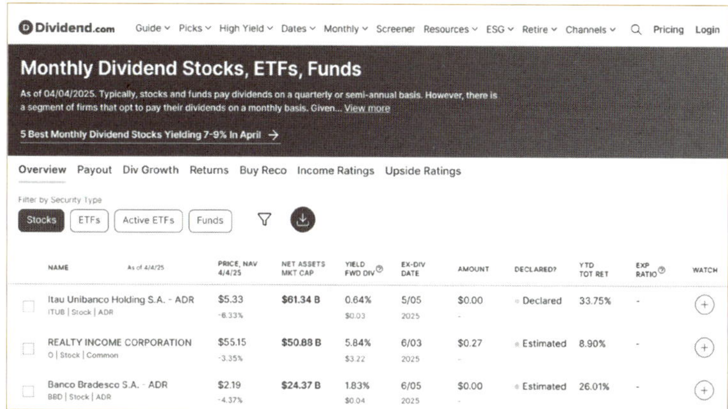

(출처: www.dividend.com)

으로도 이 기업이 꾸준히 돈을 벌 수 있겠다는 생각이 들었을 때 조금 더 구체적으로 알아보는 방식으로 접근하면 좋습니다.

지속적이고 예측 가능하다
배당킹, 배당귀족, 배당성취자

미국 주식 배당투자의 장점은 여기서 끝이 아닙니다. 앞에서 미국 기업들은 주주환원율이 높다고 설명했었습니다. 단순히 높기만 한 게 아니라 매년 배당금을 올려주는 데도 진심입니다. 한 봉지에 500원 하던 과자가 지금은 3,000원이 된 것처럼 시간이 지날수록 물가가 오르면서 필요한 생활비도 늘어납니다. 그래서 배당금으로 생활비를 해결할 계획이라면 최소 물가상승률만큼 배당금도 늘어나야 합니다. 이런 필요성이 미국 배당주와 딱 맞습니다.

매년 배당금을 꾸준히 올려주는 기업들이 많다 보니 미국에서는 배당금으로만 생활하는 사람이 정말 많다고 합니다. 한국에서는 아파트나 상가 월세로 노후 생활비를 충당하거나 은퇴 후에도 다른 일을 찾아 계속하는 게 대부분인데, 미국은 배당금이 보편화된 거죠.

중세 시대 신분제도처럼 배당주에도 계급이 있습니다. 주주환원에 진심인 미국 주식답게 배당금을 몇 년이나 연속으로 올려줬는지에 따라 계급을 분류합니다. 물론 저기에 들어간다고 특별 보너스를 받는 건 아닙니다. 그래도 가장 높은 계급인 배당킹에 포함되었다면, 아무래도 사람들이 한 번 더 관심을 보이며 투자를 고민하겠죠. 기업의 배당 정책과 재무 건전성을 평가할 때 유용하고, 투자자들에게 안정적인 배당수익을 제공하는 기업을 찾을 때도 도움이 됩니다.

- 배당킹(Dividend King)
- 배당귀족(Dividend Aristocrats)
- 배당성취자(Dividend Achiever)

계급별 선정 기준은 뭘까요?

배당킹은 무려 50년 이상 배당금을 매년 인상한 기업들입니다. 분석 기관 산정 방식에 따라 한두 개 차이는 나지만, 2026년 기준 배당킹에 속한 기업은 약 56개뿐입니다. 50년이라는 기간이 말로 하면 별거 아닌 것처럼 보이지만 정말 엄청난 시간이잖아요. 그동안 1년도 빼지 않고 매년 배당금을 조금씩 올려줬다는 뜻이고, 그만큼 회사가 탄탄하고 돈도 잘 번다는 의미입니다.

2020년 코로나19 팬데믹, 2008년 글로벌 금융위기 같은 대형 사건들을 겪으면서도 배당금을 줄이지 않고 오히려 인상한 걸 보면 참 대단한 회사들이죠. 대표적인 배당킹 주식에는 전 세계가 사랑하는 음료인 코카콜라(KO)와 펩시코(PEP), 치약으로 유명한 콜게이트(CL), 생필품으로 유명한 P&G(PG) 등이 있습니다.

배당귀족은 25년 이상 배당금을 매년 인상한 기업들입니다. 정확히는 25년 이상 배당금을 늘린 종목 중 S&P 500 지수에 편입되어 있고, 시가총액 30억 달러 이상, 일일 평균 거래량 500만 달러 이상의 조건을 모두 만족해야 합니다. 배당킹보다 배당성장 연수는 짧지만, 조건이 복잡하다 보니 2026년 기준 약 71개 기업만 배당귀족에 해당합니다. S&P 500에 포함된 배당킹 종목뿐만 아니라 배당킹을 목표로 꾸준히 배당금을 올려주는 기업들이 많습니다. 앞에서 나온 리얼티인컴도 배당귀족주입니다.

마지막으로 배당성취자는 10년 이상 배당금을 매년 인상한 기업 중 일일 평균 거래량이 100만 달러 이상인 곳들입니다. 유명한 마이크로소프트와 애플, 비자 같은 기업들이 배당성취자에 속해

있죠.

한국에는 미국처럼 공식적인 분류 체계는 없지만, 10년 연속 배당금을 유지 혹은 증가한 기업들을 비공식적으로 '배당귀족주'로 부르기도 합니다. 10년 이상 꾸준히 배당을 지급해 온 우량 기업에 투자하는 TIGER MKF배당귀족 ETF의 구성을 살펴보면, 2026년 3월 현재 KT, 포스코인터내셔널, 에스엘, 농심, CJ 등 견고한 현금흐름을 가진 종목들이 주요 비중을 차지하고 있습니다.

한국도 주주환원 분위기가 점점 퍼지는 모습이라 시간이 지날수록 더 늘어날 것 같습니다. 이미 배당 문화가 확실히 자리 잡은 미국과 이제 조금씩 좋아지는 한국 중 어느 쪽을 선택할지는 여러분의 몫입니다.

개인적으론 미국에 투자하는 게 맞다고 판단했습니다. 주주친화적인 분위기가 제대로 자리 잡을 때까지 오랜 시간이 걸릴 텐데, 개인투자자로서는 기다릴 여유도 이유도 없으니까요. 저 역시 한국 주식으로 투자를 시작했지만, 지금은 전부 미국 주식으로 바꿨습니다. 주주들에게 돌려주는 돈도 더 많고, 배당도 더 자주 하고, 매년 배당금까지 올려주니 배당투자를 결심한 이상 미국 주식을 마다할 이유는 없다고 생각합니다.

미국 주식으로 나만의
배당 월급을 세팅하는 방법

　이 책을 처음부터 읽었다면 미국 주식의 장점은 이제 충분히 이해했을 겁니다. 분기배당이나 1년에 1번 배당하는 한국은 주식 종류에 상관없이 대부분 배당기준일이 똑같고, 배당금이 계좌로 들어오는 달이 비슷하지만, 미국은 주식마다 다릅니다. 이게 미국 주식 배당투자의 매력이죠. 월배당 주식이 아니라도 여러 주식을 섞어 월급처럼 매달 배당금을 받는 구조를 만들 수 있으니까요.

　실제로 2020년 미국 주식이 많은 사람들에게 알려지기 시작하면서, 여러 주식을 잘 조합해 나만의 배당 월급 만들기가 유행하기도 했습니다. 다양한 레시피가 인터넷에 퍼졌고, 요즘은 증권 앱에서 아예 조합을 만들어서 추천하기도 합니다.

미국 주식은 대부분 1년에 4번 분기배당을 하고, 지급일 기준으로 크게 3개 그룹으로 나눌 수 있습니다.

- 1월 / 4월 / 7월 / 10월 배당금 그룹 A
- 2월 / 5월 / 8월 / 11월 배당금 그룹 B
- 3월 / 6월 / 9월 / 12월 배당금 그룹 C

그룹별로 1개씩 주식을 선택하면 매월 배당금을 받는 아름다운 구조가 완성되는 겁니다. 증권 앱에 들어가 보면 매월 배당금을 받을 수 있는 주식 포트폴리오 만들기 서비스를 제공합니다. 회사 이름만 들어도 알 만한 유명한 회사들도 대부분 분기배당이라 더 마음 편하게 투자할 수 있죠. 많은 사람이 월배당 주보다 분기배당 주 여러 개를 조합하는 방식을 선호하는 이유이기도 합니다. 그룹별로 어떤 주식들이 들어있는지 자세히 봅시다.

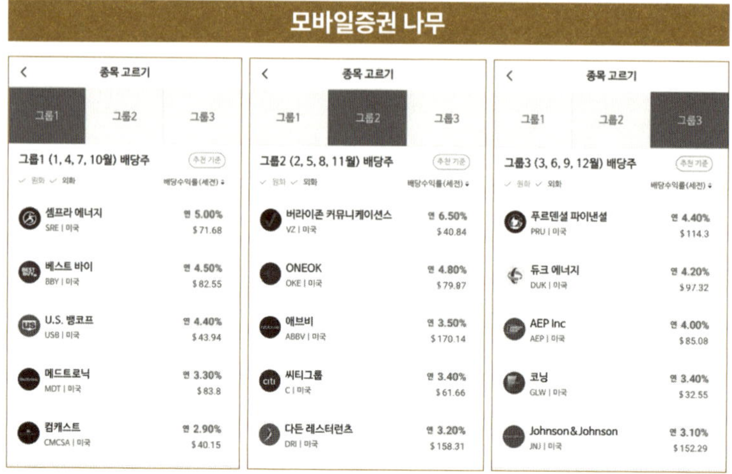

(출처: www.mynamuh.com)

그룹 A

1, 4, 7, 10월에 배당금이 나오는 그룹 A에는 전 세계에서 가장 큰 금융기업인 JP모건(JPM)이 들어있습니다. 말보로 담배로 유명한 필립 모리스 주식(PM)과 알트리아 주식(MO)도 이 그룹에 있습니다. 전 세계 사람들이 이름만 들어도 알 만한 주식에 투자하는 게 아무래도 안전하다는 관점에서 보면 A그룹은 조금 빈약한 편입니다.

그래서 많은 미국 주식 투자자들이 1, 4, 7, 10월 배당금 확보를 위해 좋은 종목을 찾아 많은 의견을 주고받는 중입니다. 저 역시 1월과 4월 배당금이 상대적으로 작아서 방법을 찾고 있고요. 일단 저는 월배당 주식을 더 많이 사서 매월 들어오는 배당금 자체를 더 키우는 방법으로 1월 배당금이 고정생활비를 뛰어넘을 수 있게 만들어 놨습니다.

그룹 B

2, 5, 8, 11월에 배당금이 나오는 그룹 B에는 유명한 주식들이 많습니다. 일단 아이폰의 애플(AAPL), 페브리즈·오랄비·질레트·헤드앤숄더 같은 생필품을 파는 프록터 앤드 갬블(P&G), 신용카드 양대 산맥 중 하나인 마스터카드(MA), 어쩌다 한 번 가면 40만 원은 그냥 쓰게 되는 코스트코(COST), 전 세계 어디서나 볼 수 있는 커피 대명사 스타벅스(SBUX) 등 정말 많아요.

솔직히 좋은 기업들이 너무 많아서 투자 선택장애가 올 정도입니다. 개인적으로 생활 속에서 이용하는 제품과 서비스를 제공하는 기업들에 투자하면 기분이 좋습니다. 내가 쓴 돈이 결국 배당금으로 나한테 다시 돌아오는 거나 다름없으니까요. 특히 다른 사람들도 없으면 생활하기 어려운 제품이나 서비스를 제공하는 기업 위주로 투자하면 더 그렇습니다.

사람들이 줄 서서 사는 제품들이라면 '이 주식을 계속 가져가도 되겠다'라는 믿음이 생깁니다. 이런 주식들을 가지고 있으면 매년 배당금도 늘고, 주식 가격 자체도 올라서 내 총자산이 증가하는 선순환 구조가 완성됩니다. 기업 실적이 늘어난다는 건 기업 가치도 올라간다는 의미고, 이것은 주가상승으로 이어집니다.

저도 처음에는 배당금 받아서 월급을 대체하겠다는 생각으로 배당주를 바라봤는데, 투자하면서 조금씩 관점이 달라졌습니다. 계좌로 들어오는 배당금이 늘어나고 계좌 자체도 점점 커지는 걸 보면서, 나도 부자가 될 수도 있겠다는 생각이 들었기 때문입니다. 수많은 사람들이 돈을 쓰려고 열광하는 기업들의 이익을 배당주 확보로 나눠 가질 수 있으니까요. 경험해 보니 돈 잘 버는 기업은 실제로 매년 배당금도 오르고 주가도 많이 올랐어요. 물론 항상 그렇지는 않으니 신중해야 합니다.

2019년부터 애플 주식에 투자하기 시작했는데, 당시에도 애플 혁신은 끝났다는 얘기가 매년 나오던 시기였습니다. 스티브 잡스가 세상을 떠난 이후 계속 나오는 얘기지만 사람들은 여전히 애플 신제품이 나오면 열심히 구매하죠. 그 모습을 보고 애플 주식을 열심히 모았고, 다행히 주가도 많이 올라 금융자산이 꽤 늘었습니다. 그럴 수 있었던 가장 큰 이유 역시 애플이 매년 돈을 쓸어 담고 있기 때문입니다.

그룹 C

3월, 6월, 9월, 12월에 배당금이 나오는 그룹 C의 대표적인 주식으로는 Windows OS와 오피스 프로그램, 요즘 대세인 ChatGPT를 서비스하는 오픈AI에 투자해 더욱 압도적인 기업이 된 마이크로소프트(MSFT)가 있습니다. 그 외에 결제 네트워크 양대 산맥 중하나인 비자(V), 미국 정유 1등 기업 엑슨모빌(XOM), 타이레놀·뉴트로지나·리스테린 등의 제품을 판매하는 존슨앤존슨(JNJ) 등이 있습니다.

분기배당 그룹별 대표기업은 여기서 설명한 것보다 훨씬 많습니다. 정말 유명한 기업 일부만 먼저 소개했으니, 이번 기회에 내 생활에 밀접한 기업 주식이 있는지, 있다면 언제 배당금을 주는지 확인해 보세요. 미국 주식들을 구경하다 보면 사고 싶은 주식이 정말 많을 겁니다. 이 주식들을 1주씩만 산다고 해도 필요한 돈이 기하급수적으로 늘어날 테고요. 투자를 시작하면 매일 고민이 될 거예요. 내가 투자할 수 있는 돈은 정해져 있는데, 갖고 싶은 주식은 너무 많으니까요.

앞에서 소개한 주식들만 봐도 지구상에서 가장 돈을 잘 버는 기업들입니다. '세계 최고의 인재들이 밤낮 없이 일해서 버는 돈을, 주식을 가지고 있다는 이유만으로 나눠 가질 수 있다?' 그렇게 생각이 확장되는 순간 소비 욕구는 사라지고, 주식 수집 욕구가 차오를 겁니다.

투자하고 싶은 주식이 많다면 결국 소비를 줄이고 버는 돈은 늘리는 방법밖에 없죠. 제 경우 배당투자라는 목표가 생기고부터는 고정비 빼고 한 달에 30만 원씩 쓰면서 돈을 아꼈고, 배달 아르바이트나 여러 부업을 병행하면서 주식에 투자할 돈을 늘렸습니다.

저 역시 가능한 한 배당금이 매월 나오도록 세팅해서 투자하고 있습니다. 월급처럼 매월 같은 액수의 배당금이 들어오진 않지만, 대신 아무리 적게 들어오는 달이라도 고정생활비 정도는 됩니다. 아파트 관리비, 보험비, 식비, 교통비 이런 비용들 말이죠. 제가 투자하는 종목들은 구성상 1월과 4월 배당금이 상대적으로 적은 편이라 이때는 보릿고개처럼 생활비를 아껴 씁니다. 대신 다른 달에 배당금이 많이 들어오면 조금 여유 있게 사용하고, 1월과 4월을 대비해 비상금처럼 남겨둡니다. 이런 방식으로 조기은퇴 후 인생 시즌 2를 계획하고 있습니다.

배당투자로 얻는 게 단순히 돈만이 아니라는 걸 느꼈습니다. 월급 말고 내 계좌에 돈이 들어오는 경험이 쌓이면서 본업이나 사업, 그 외 일도 더 잘 되는 선순환 구조가 완성되더군요. "여유는 계좌 잔고에서 나온다"라는 말처럼 배당금이 늘수록 사람이 여유로워졌습니다.

회사에서도 다른 사람이나 상사의 눈치를 보기보다는 의견을 적극적으로 어필할 수 있게 되었고, 그런 과정에서 오히려 성과도 더 좋아졌습니다. 물론 회사에서 이룬 성과는 동료들과 함께였기 때문에 가능한 것이었지만, 그 시작은 배당금이었다고 생각합니다.

배당주 투자는 긴 시간이 필요합니다. 투자금이 많아야 월급만큼 배당금이 나오고, 그러기 위해서는 돈을 열심히 모아야 하기 때문이죠. 하지만 생각해 보세요. 살이 찐 것 같아서 다이어트를 결심하고 열심히 실행합니다. 그런데 얼마 안 가 포기해요. 목표했던 몸무게까지 살을 뺐다고 해도 조금만 방심하면 다시 원래대로 돌아오죠. 이런 요요현상이 왜 발생할까요? 하기 싫은 걸 억지로 해서 그렇습니다. 투자와 저축도 마찬가지입니다. 아무 목적 없이 '무조건 해야 해'라는 생각만으로 하면 금방 그만두게 됩니다. 이유 없이 힘들기만 하니까요.

미국 주식에서
배당일정을 확인하는 방법
디비던드닷컴, 배당닷컴

미국 주식에서 배당일정을 확인하는 방법은 여러 가지입니다. 기업 공식 사이트를 이용하거나 시킹알파 같은 투자 사이트에서 쉽게 찾을 수 있죠. 여기서는 미국 배당투자에 보조 도구로 사용할 수 있는 디비던드닷컴을 이용해 보겠습니다.

dividend를 번역하면 '배당'이니까, 사이트 이름을 한국어로 하면 '배당닷컴'이겠네요. 배당락일이나 지급일 등의 배당일정을 확인하거나 배당수익률, 배당성장률 등의 기초 정보 확인용으로 사용하세요. 종목을 찾을 때 쓰는 고급 기능은 유료지만, 기초 정보는 그냥 볼 수 있습니다. 심층적인 분석은 4장에서 설명하는 시킹알파나 etf.com 등을 이용하는 게 좋습니다.

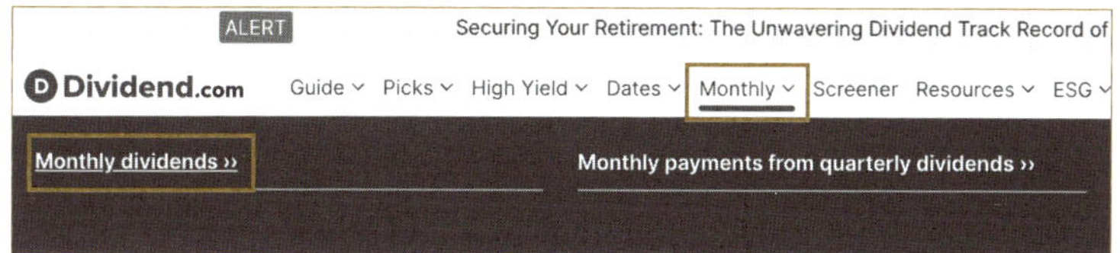

또 하나 유용한 기능은 'Dividend Calendar'입니다. 배당락일을 기준으로 오늘, 이번 주, 이번 달 등 배당일정에 따라 종목을 찾거나, 월별/분기별 ETF나 종목만 모아 볼 때 유용합니다. 내가 원하는 배당률과 배당주기에 맞춰서 투자할 종목을 확인하세요. 미국 주식 사이트라 언어가 영어로 되어 있지만, 원하는 정보를 얻는 건 그리 어렵지 않습니다.

"5월에 배당받으려면 어떤 종목을 사야 할까?"
"월배당 종목 포트폴리오를 짜려는데, 뭐가 있지?"
"다른 사람들이 가장 많이 담은 월배당 종목은?"

월배당 종목만 보려면 dividend.com 사이트에 'Monthly - Monthly dividends'를 차례대로 클릭합니다. 분기배당을 보려면 옆에 있는 'Monthly payments from quarterly dividends'를 클릭하면 됩니다.

월배당 주식들이 시가총액(NAT ASSETS) 순으로 쭉 나타납니다. ▽ 를 클릭하면 필터 대화상자가 나타나 원하는 조건을 설정해 찾을 수 있고, 각 항목을 클릭하면 오름차순이나 내림차순으로 보여줍니다. 두 번째에 앞에서 알아본 리얼티인컴이 있네요. 이름을 클릭해 보세요. 선택한 종목에 대한 정보가 나타납니다.

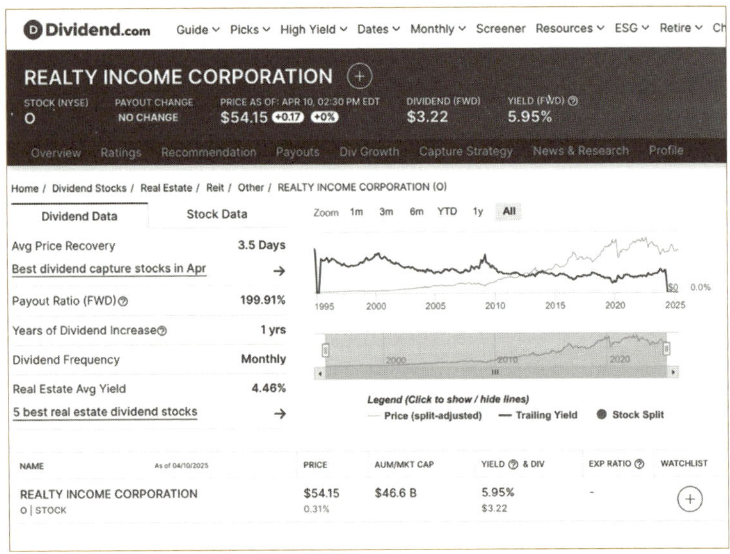

실전 미국 배당투자 용어,
이 정도면 충분하다

미국 배당주에 투자한다면 당연히 배당금 관련 일정을 알고 있어야 합니다. 다행히 앞에서 설명했던 한국 주식 배당금 관련 일정과 비슷한 시스템입니다. 배당투자 용어도 동일한데, 미국 주식이라 언어가 영어라는 것만 달라요. 요즘은 세상이 좋아져서 바로 한글로 번역되기 때문에 전혀 걱정할 필요 없습니다.

우선 '배당'은 영어로 'Dividend'입니다. 주식투자 관련 사이트 어디에 들어가더라도 배당 관련 정보를 찾고 싶으면 Dividend라는 단어를 찾으면 됩니다. 배당률, 배당기준일, 배당락일, 배당성향 등 배당 관련 단어에 항상 Dividend가 들어갑니다.

배당투자자들이 가장 먼저 확인하는 배당률은 영어로 Dividend

Yield라고 합니다. 배당기준일은 record date, 배당락일 ex-dividend date, 배당지급일은 payment date입니다. 매우 직관적이라 어렵지 않습니다.

배당기준일이 중요한 한국 주식과 달리 미국 주식은 '배당락일(Ex-Dividend Date)' 기준입니다. 배당락일을 기준으로 매수 타이밍을 정해야 한다는 뜻입니다. 전에는 한국처럼 배당기준일 2영업일 전까지 주식을 매수해야 배당을 받을 수 있었지만, 2024년부터 미국 증시 결제 시스템이 T+1로 변경되면서 이제는 배당락일 하루 전, 즉 1영업일 전까지 주식을 매수하면 배당을 받을 수 있습니다.

예를 들어, 코카콜라의 배당락일이 금요일이라면, 하루 전 영업일인 목요일까지 주식을 매수하면 됩니다. 만약 목요일이 공휴일이거나 장이 열리지 않는 날이라면 매수 마감일은 수요일, 수요일도 휴장이라면 화요일이 매수 마감일이 됩니다. 단순히 '배당락일 하루 전'이 아니라, '1영업일 전'까지 매수해야 한다는 걸 기억하세요.

마지막은 Payout Ratio입니다. 기업이 버는 돈 대비 배당금을 얼마나 주는지 알 수 있는 지표인 '배당성향'을 뜻합니다. 그저 영어로 바꿨을 뿐 1장에서 배운 한국 주식 배당투자와 거의 비슷해서 이 정도면 미국 배당투자도 충분히 시작할 수 있습니다.

<table>
<tr><td colspan="6" align="center">NOBL ETF 배당정보</td></tr>
</table>

Dividend Summary 배당정보 요약

배당수익률 Div Yield (FWD)	연간 배당금 Annual Payout (FWD)	배당성향 Payout Ratio	5년 평균 배당증가율 5 Year Growth Rate	배당 증가 연속 기록 Dividend Growth
2.86%	$2.04	67.36%	3.93%	62 Years

Last Announced Dividend 배당일정

금액 Amount	배당락일 Ex-Div Date	배당지급일 Payout Date	배낭기준일 Record Date	배딩선언일 Declare Date	배당주기 - 분기 Div Frequency
$0.51	03/14/2025	04/01/2025	03/14/2025	02/20/2025	Quarterly

(출처: 시킹알파)

Dividend	배당	
Dividend Summary	배당정보 요약	
Dividend Yield	배당수익률	
Annual Payment	연간 배당금	
Payout Ratio	배당성향	
5 Year Growth Rate	5년 평균 배당증가율	
Dividend Growth	배당 증가 연속 기록	
Last Announced Dividend	배당일정	
Amount	배당금액	
Ex-dividend date	배당락일	이날 하루 전까지 사야 함, 당일에 사면 배당 못 받음
payment date	배당지급일	배당금 입금되는 날
record date	배당기준일	주주명단 확정일
Declaration Date	배당선언일	배당일정을 공시하는 날
Div Frequency	배당주기	Monthly 월배당, Quarterly 분기배당

* 미국 주식 일정을 시간순으로 보면 배당선언일 -> 배당락일 = 배당기준일 -> 배당지급일입니다.
배당락일을 기준으로 하루 전까지 주식을 사야 주주명단에 올라간다는 걸 기억하세요.

배당 ETF로 월 400만 원 현금흐름 만들기

3장

·

미국 배당투자,
어떤 종목을
사야 할까?

먹고사는 데 필요한 게
기본이다! 필수소비재

어떤 종목에 투자해야 할까요?

S&P 500에 들어있는 500개 기업을 시가총액 순으로 쭉 살피다 보면 아무래도 낯익은 기업 중심으로 보게 될 겁니다. 배당투자를 결심했어도 처음에는 어떤 종목을 골라야 할지 막막할 수 있죠. 현실적인 도움이 되도록 제가 미국 배당투자를 결심하고 각 종목을 선택했던 과정과 이유를 간단히 이야기해 보겠습니다.

지금은 스마트폰이 필수인 시대라 가장 먼저 애플을 골랐습니다. 그리고 어떤 회사라도 윈도와 엑셀, 파워포인트는 기본으로 사용하고 요즘은 Teams까지 쓰는 걸 보면서 마이크로소프트도 빼놓을 수 없었습니다. 현재 AI와 클라우드 서비스로도 지구상에

서 가장 앞서 있는 기업이고, 결정적으로 둘 다 미국 시장에서 1, 2
등 하는 기업이기도 했고요.

또 주변을 살펴보니 나이키 운동화나 운동복 없는 사람이 거의
없고, 사람들이 한정판 운동화 때문에 난리인 것을 보면서 나이키
주식도 포트폴리오에 담았습니다. 20대에 나이키 주식이 있고 투
자할 수 있다는 사실을 알았다면 '운동화 살 돈으로 주식을 샀을 텐
데'라고 생각하면서요. 그때부터 주식을 가지고 있었으면 지금쯤
나이키 배당금으로 1년에 한 번씩 운동화를 살 수 있었을 겁니다.

그리고 전 세계가 즐겨 마시는 커피를 보면서 스타벅스 주식도
담았습니다. 한국만 해도 인파가 많은 장소에는 기본적으로 스타
벅스가 있고, 외국에 나가도 모험하기 싫을 때면 스타벅스를 찾게
되더라고요. 같은 이유로 코카콜라도 추가했습니다. 전 세계 사람
들이 콜라를 사랑하니까요. 저 역시 무의식적으로 피자 먹을 때는
콜라를 찾는데 전 세계 사람들도 그렇다면 배당금이 줄어들 리 없
다고 생각했습니다. 가격을 올려도 사람들이 계속 찾는 거라 투자
용으로 더 매력적이었습니다.

무슨 말을 하고 싶은지 감이 올까요? 실제로 배당투자자에게 굉
장히 중요한 포인트입니다. 물가상승률 이상으로 가격을 인상해
도 소비자들이 구매하는 제품이나 서비스를 제공하는 기업이라면
배당금 지급이 안정적일 수밖에 없습니다. 시간이 지날수록 가격

을 올린 만큼 매출과 이익이 늘어나는 구조이기 때문이죠.

코카콜라니 펩시코, P&G, 월마트, 코스트코, 필립 모리스 같은 필수소비재(Consumer Staples) 섹터 주식들이 대표적입니다. '필수소비재'는 말 그대로 인간의 삶에 필요한 제품을 제공하는 기업들을 말합니다. 항상 꾸준한 수요가 있고 매출이 한 번에 엄청나게 늘지는 않지만, 그렇다고 잘 줄지도 않아요. 야금야금 인플레이션에 맞춰 실적과 배당금이 안정적으로 늘어난다는 특징이 있습니다. 경기가 좋아도 소비가 확 늘지는 않지만, 반대로 경제가 어려워져도 소비가 확 줄지 않습니다.

불경기라고 빨래를 안 할 수 없으니 P&G 다우니 제품은 계속 팔립니다. 물론 1주일에 2번 할 거 1번으로 줄일 수는 있겠지만, 불경기에 커피나 자동차, 패션 소비가 줄어드는 것에 비하면 애교 수준이죠. 그래서 배당투자가 목표인 사람들은 이런 필수소비재 기업을 집중적으로 모으는 경우가 많습니다.

필수소비재를 모은다는 관점에서 배당투자를 처음 시작했을 때 통신주도 담았습니다. 숨만 쉬어도 나오는 생활비를 점검해 보니 통신비가 있었고, 관련해서 미국 통신사 주식을 찾아봤더니 버라이즌과 AT&T가 있었습니다. 한국으로 따지면 SK텔레콤과 KT라고 생각하면 됩니다. 둘 다 배당금을 지급하고 미국에서 순위권에 드는 업체라 매수했습니다. 이제 현대인에게 통신비는 필수라 아무리 경제가 어려워져도 통신비는 포기하지 못할 테니 배당금도 꾸준히 지급될 거라는 생각이었습니다.

마지막으로 회사 로고에 '월배당(Monthly Dividend)'이라고 적혀 있는 리얼티인컴을 선택했습니다. 지금은 한국 주식시장에도 월배당이 흔하지만 제가 배당투자에 관심을 가졌던 당시만 해도 그렇지 않았습니다. 그래서 월급처럼 매월 배당금을 받으면 좋겠다는 생각에 선택했어요. 리얼티인컴 주식을 1주 매수하고 20일 정도 뒤에 진짜 달러 배당금이 계좌로 입금되었는데, 그때 정말 신기하고 기분 좋더군요. 월급 말고도 돈을 버는 구조를 만들었다는 걸 눈으로 확인했으니까요. 당시의 그 기분 좋은 기억이 배당투자를 쭉 이어가게 한 원동력이 된 것 같아요.

실제로 배당금을 한 번 받기 시작하면 좋은 의미로 중독됩니다. 요즘 매월 배당받는 '월배당' 상품이 인기인 이유도 같습니다. 저도 여전히 월배당 주식에 많이 투자하고 있습니다. 배당금을 자주 받으면 기분도 좋지만, 투자 관점에서도 유리합니다. 배당금을 받을 때마다 주식을 계속 사서 다음 배당금을 조금씩 계속 늘릴 수 있다는 장점이 있으니까요.

제 경우 리얼티인컴 주식을 원하는 만큼 모으고 싶어서 매월 중순 배당금이 들어오면 바로 리얼티인컴 주식을 더 샀습니다. 그러면 다음 달 중순에 들어오는 배당금은 늘어난 주식 수만큼 추가되죠. 이런 식으로 몇 년 꾸준히 하다 보니 어느새 리얼티인컴 배당금민으로 아피트 관리비를 해결할 수 있게 되더군요. 앞에서도 잠깐 언급했지만, 배당투자를 알고 나서는 오히려 돈 쓰는 게 스트레스가 되었습니다.

'이 돈이면 애플 주식 1주를 살 수 있는데….'

'그때 애플 주식 사서 가지고 있었으면 2년 후인 지금은 30%는 더 올랐을 텐데.'

'아이스 아메리카노 1잔만큼을 리얼티인컴 월 배당금으로 받으려면 100만 원이 있어야 하네.'

이런 생각이 머릿속에 맴돌았어요. 대신 사고방식이 바뀌니까 전보다 절약이 더 쉬워지고, 받아들이기도 편해졌습니다.

내가 죽을 때까지 망하지 않을 안전한 회사?

이 세상에 100%는 없습니다. 아무리 잘 골라서 투자해도 어떤 기업이든 망할 수 있다는 걸 항상 기억하세요. 탄탄히 자리 잡은 코카콜라가 지금 당장 망할 거라는 사람은 거의 없지만, 미래는 지금과 얼마나 달라질지 예측할 수 없습니다.

이런 이야기가 나오면 항상 등장하는 기업이 노키아입니다. 노키아는 전 세계 휴대폰 시장의 압도적 1등 기업이었습니다 (1998~2011년). 전성기 시절 노키아 점유율이 전체 휴대폰 시장의 50%에 달했으니 말 다했죠. 하지만 우리가 알다시피 2007년 애플이 아이폰을 발표하면서 완전히 바뀌었습니다. 절대 망하지 않을 것 같던 노키아는 어느새 아무도 찾지 않는 기업이 돼버렸어요.

인텔도 비슷합니다. 제가 컴퓨터 쪽에 관심이 많아서 인텔 제품을 나름 잘 아는 편인데요. 옛날에는 인텔의 기술력을 이야기할 때 "외계인을 납치해서 제품을 만든다"라는 농담이 있을 정도였습니다. 하지만 배당주를 담기 위해 S&P 500 시가총액을 찾아보니 현재의 인텔은 50위권 밖이었습니다. 당연히 상위권이라 짐작했는데, 하도 안 보여서 처음에는 상장기업이 아닌 줄 알았습니다.

그때 당시 노키아나 인텔을 평생 들고 갈 주식으로 믿고 투자한 사람이 정말 많았을 텐데, 주가 차트를 보니 말 그대로 '박살나' 있더군요. 그래도 인텔은 배당금만큼은 줄이지 않고 꾸준히 지급했는데, 그마저도 2023년에 반토막이 났습니다. 이런 무서운 현실을 알게 되니 배당주 투자를 계속해도 되는 건지 싶으면서 '내가 죽을 때까지 안전할 배당주를 고를 수 있을까?'라는 고민이 시작되었습니다.

은퇴나 퇴사와 함께 월급은 사라집니다. 그다음부터는 배당금으로 살려고 배당투자를 결심했는데, 그 기업이 망해서 주식이 사라지거나 인텔처럼 배당금이 갑자기 50%로 줄면 난감한 정도가 아닐 겁니다. 직장 다닐 때야 무슨 일이 생겨도 월급이 있으니 당장 굶지는 않습니다. 그런데 월급 없이 배당금만으로 생활하는 와중에 이런 일이 벌어지면 단순히 투자 실패가 아니라 생존의 문제가 됩니다.

노키아와 인텔의 주가

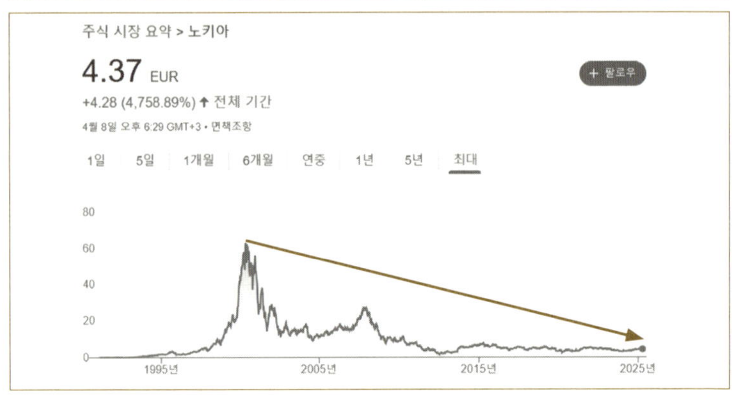

(출처: Google)

인텔의 연도별 배당금 추이

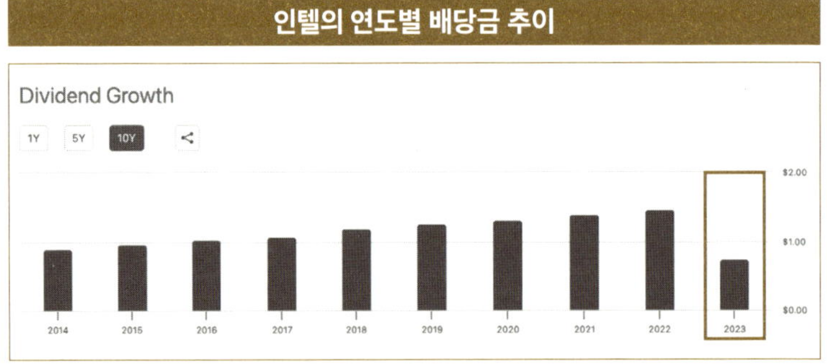

(출처: 시킹알파)

실제로 몇 년 전에 이런 일이 있었습니다. 많은 배당투자자에게 사랑받는 주식이 배당금을 줄이는 바람에 크게 이슈화되면서 파장이 컸습니다. 알 만한 사람은 다 아는 AT&T였어요. 혹시 모르는 사람이 있을까 봐 덧붙이자면 AT&T는 미국의 대표적인 통신사로 한국의 SK텔레콤이나 KT 같은 기업입니다. 미국에는 AT&T Grandpa, 한국말로는 'AT&T 할아버지' 정도로 부르는 투자자들이 많다고 합니다. AT&T 배당금으로 생활하는 미국 할아버지라는 뜻입니다.

한국뿐만 아니라 미국에서도 AT&T는 대표적인 배당주로 유명했습니다. 2021년까지 25년 넘게 배당금을 지급해 온 대표적인 고배당주인데다가 배당률도 높았기 때문에, 은퇴 후 수입을 원하는 사람들에게 정말 인기가 많았습니다. 한국 역시 미국 주식 배당투자 인기가 올라가면서 AT&T 주식을 모으는 사람이 늘었죠. AT&T 종목코드는 알파벳 'T'입니다. 십자가처럼 보인다고 해서 AT&T 주식 1,000주를 모으면 "천주교에 가입했다"라는 농담이 오갈 정도였어요. 그만큼 모으는 사람이 많았고, 저 역시도 미국 주식을 처음 접했을 때 AT&T 천주교 가입이 목표였습니다.

많은 사람이 배당투자를 위해 AT&T 주식을 모아 갔지만, 안타깝게도 회사 실적은 점점 나빠졌습니다. 당시 저는 '배당금은 결국 기업이 버는 돈에서 나온다'라는 간단하지만 확실한 원칙에 따라

AT&T 주식을 전부 처분했습니다. 이러다가 배당금이 안 나오거나 큰 폭으로 줄어들 것 같았거든요.

AT&T 주식을 전량 매도한 후 얼마 되지 않은 2022년에 AT&T는 배당금 50% 삭감을 발표했습니다. 그래서 2026년 현재는 배당 귀족주가 아닙니다. 당시 정말 많은 사람이 충격에 빠졌습니다. 당장 3개월 후에 나올 배당금이 절반으로 줄어버렸으니까요. 배당금뿐만 아니라 주가도 하락했습니다. 당시엔 투자 금액도 그다지 크지 않았고, 투자를 시작한 지 얼마 되지 않은 시점이라 의심과 걱정이 많아서 실적만 보고 미리 빠져나온 게 다행이었습니다.

혹시나 해서 미리 말하지만, 기업의 매출과 이익 감소가 무조건 배당금 삭감으로 이어지는 건 아닙니다. 실적 악화가 일시적인 악재라면 오히려 저렴한 가격에 주식을 매수할 좋은 기회가 되기도 합니다. 물론 말만 쉽지, 기업이 앞으로도 배당금을 꾸준히 지급할지 판단하기란 어려운 일입니다.

주식투자자라면 누구나 아는 워런 버핏도 배당금이 전년보다 줄어드는 '배당컷'을 미리 맞히지 못한 적이 있습니다. 버핏의 버크셔 해서웨이는 케첩으로 유명한 크래프트 하인즈(KHC) 1대 주주였지만 회사가 적자로 돌아서면서 큰 손해를 입었습니다. 이때 당연히 배당금도 30% 이상 줄어들었어요. 한 방송 인터뷰에서 버핏은 "크래프트 하인즈를 너무 비싸게 주고 샀다"라며 자신의 실수를 인정했죠. 지구상에서 가장 주식투자를 잘한다는 워런 버핏도 배당금이 줄어드는 주식을 100% 못 걸러내는데, 평범한 우리에겐 거의 불가능한 일입니다.

맘 편한 방법은 있다!
배당 ETF

'내가 주식으로 투자한 기업이 망하면 어쩌지?'

잘 나가는 회사도 망할 수 있다는 걸 보고 겪으면서 투자 초기 제 고민은 계속되었습니다. 결론부터 말하면 지금은 어느 정도 고민을 해결한 것 같습니다. 투자하는 기업이 망할까 봐 걱정하지 않고 마음 편하게 투자할 방법을 찾았고, 배당금도 매년 꾸준히 늘고 있습니다.

제목을 보고 눈치챈 사람도 있겠지만, 개별기업 주식 대신 ETF를 매수하는 방법입니다. 주식투자를 해본 적 없다면 'ETF(Exchange Traded Fund)'라는 단어가 낯설 수 있습니다. 간단히 얘기하면 여러 개별기업 주식을 ETF라는 하나의 바구니에 담아 놓은 금융상품입니다. ETF도 주식시장에 상장되어 있기 때문에 주식처럼 1주씩 거래할 수 있어요. 맥도날드 세트 메뉴라고 생각하면 정확합니다. 빅맥 세트를 주문하면 빅맥 햄버거와 감자튀김, 콜라를 함께 주잖아요? ETF를 매수하면 ETF 안에 들어있는 여러 개별기업에 한 번에 투자하는 효과가 있는 겁니다.

사회 초년생들에게 재테크하라면서 펀드를 추천하던 시기가 있었습니다. 펀드 가입할 때 투자설명서 등을 보면, 이 펀드에 어떤 주식들이 들어있는지 설명되어 있죠. 비슷합니다. 펀드처럼 여러 기업을 하나의 상품에 담아 놓고, 1주씩 거래할 수 있게 만든 금융상품이 ETF입니다.

펀드와 비슷해 보이지만 다른 점이 있습니다. 펀드는 담당 펀드매니저의 판단에 따라 운영됩니다. 유망해 보이는 주식은 펀드에 편입시키고, 그렇지 않은 종목은 빼버리죠. 반면 ETF는 기본적으로 사전에 정해진 규칙에 따라 운영하기 때문에, 기본적으로 펀드매니저가 종목 선택에 개입하지 않습니다. 펀드매니저의 주관적인 판단이 전혀 들어가지 않고, 규칙에 따라 자동으로 종목을 넣었다 뺐다 하는 거죠.

그럼, ETF 운용 규칙은 어디서 확인할 수 있을까요?
ETF의 기초지수(추종지수)가 무엇인지를 보면 됩니다. ETF는 기초지수의 성과를 추적하는 인덱스펀드이기 때문입니다. 어떤 ETF 상품의 기초지수가 S&P 500이라면, 이 ETF는 S&P 500에 들어있는 주식들을 똑같이 가지고 있다고 보면 됩니다.

세상에는 정말 수많은 지수가 있는데 그중 하나를 예로 들어볼게요. 앞에서 25년 이상 매년 배당금을 증가시킨 주식을 '배당귀족'이라고 부른다고 설명했습니다. 이 배당귀족주들을 전부 모아놓은 게 S&P 500 Dividend Aristocrats Index입니다. 그리고 이 지수를 그대로 따라가게 만든 ETF 중 하나가 미국 시장에 상장된 NOBL ETF입니다.

NOBL ETF는 2013년에 상장했는데, 당시 10,000달러를 투자했다면 지금 30,000달러가 됐을 만큼 훌륭한 성과를 보여줬습니다. 성과도 성과지만, NOBL 1주만 사도 배당귀족주 69개에 한꺼번에 투자하는 것과 같은 효과라는 점이 핵심입니다. 69개 기업 주식을 1주씩만 사도 엄청나게 많은 돈이 필요할 텐데 NOBL ETF 1주, 110달러 남짓에 불과한 돈으로(2026년 3월 기준 약 $111) 튼튼한 배당귀족주에 분산투자할 수 있게 되는 거죠. 여기에 코카콜라, 펩시, 존슨앤존슨, 맥도날드, 리얼티인컴 주식 같은 대표 배당주가 다 들어있습니다.

ETF 배당률이나 배당기준일, 배당성장도 '시킹알파'에서 종목 코드로 검색하면 쉽게 확인할 수 있습니다. 쓸모가 많으니 미국 주식에 투자한다면 시킹알파 사이트를 추천합니다.

참고로 주식과 달리 ETF 투자를 통해 받는 배당금의 정식 명칭은 '분배금'이라고 부릅니다. ETF에 속한 여러 주식에서 나오는 배당금을 합산해서 투자자에게 분배하는 개념이기 때문이죠. 영어로도 'Dividend'가 아니라 'Distribution'이라고 표현합니다. 외국 사이트에서 미국 시장에 상장된 ETF 관련 정보를 찾으려면 'Distribution'으로 확인해야 하는 이유도 이것입니다. 다만 개념적으로는 ETF 분배금과 개별종목 배당금이 거의 같으니, 이 책에서는 ETF 분배금도 배당금으로 표현하겠습니다.

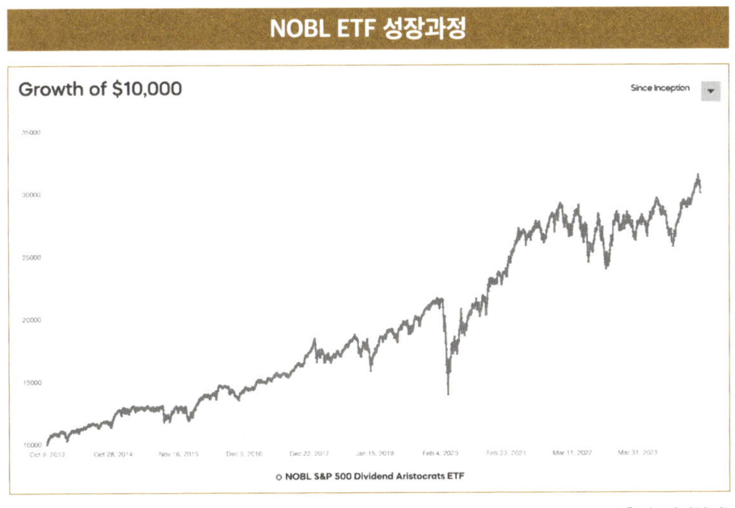

(출처: 시킹알파)

NOBL ETF 배당정보

Dividend Summary

Div Yield (TTM)	Annual Payout (TTM)	Payout Ratio	5 Year Growth Rate	Dividend Growth
2.02%	$2.23	-	5.45%	3 Years

(출처: 시킹알파)

NOBL ETF에는 60~70개 기업이 담겨 있습니다. 'ETF 투자 = 분산투자'인 겁니다. 이 70여 개의 주식 중 AT&T나 크래프트 하인즈처럼 1~2개 주식이 배당금을 확 줄인다면 어떻게 될까요? 그래도 별일 없을 겁니다. 개별종목으로 투자했을 때보다 투자자가 받는 피해는 상당히 줄어들겠죠. 어쩌면 나머지 68개 주식의 배당성장 덕분에 몇 개 기업의 배당컷이 체감되지 않을 수도 있습니다.

물론 ETF 투자가 장점만 있는 건 아닙니다. 분산투자의 특성상 개별종목에 집중해서 투자할 때보다 폭발적인 수익이 나오기는 어렵다는 점도 꼭 기억하세요.

시킹알파에서 'NOBL'을 검색해 보면 배당률과 배당증가율 등을 자세히 확인할 수 있습니다. 2026년 3월 기준, NOBL ETF 배당률은 약 2% 정도입니다. 배당귀족주만 모아둔 ETF라 배당금도 많이 나올 거라고 기대했을 텐데 생각보다 낮아서 실망인가요?

오랫동안 배당금을 늘려온 배당귀족주라고 무조건 배당률이 높지는 않습니다. 오히려 배당금을 긴 시간 안정적으로 지급해 주는 매우 좋은 주식이라는 인식 덕분에 시장에서 프리미엄이 붙는 경우가 흔합니다. "주식에 프리미엄이 붙었다"라는 말 그대로 주가가 평소보다 높게 거래된다는 뜻입니다.

예를 들어 나이키 한정판 운동화가 1족에 30만 원에 발매되었다고 가정합니다. 정가는 30만 원이지만 너도나도 다 갖고 싶어 하면 40만 원, 50만 원에도 사겠다는 사람들이 나타나고, 실제로도 그렇게 거래됩니다. 물론 주식은 운동화와 달라 '정가가 얼마다'라고 단정할 순 없지만, 이런 식으로 남들도 좋게 생각하는 주식은 가격이 오르는 경향이 있습니다.

ETF vs 개별종목,
정답은?

세상에 완벽한 건 없죠. 하나를 얻으면 하나를 내줘야 하는 건 세상 진리입니다. ETF가 개별종목보다 '안정적인 배당금'이라는 걸 얻었으니 그 대가로 무엇을 잃었을까요? 앞에서 잠깐 기대수익률이 낮다고 얘기했는데, 좀 더 자세히 알아보겠습니다. 장단점을 정확히 알고 투자해야 하니까요.

ETF

일단 ETF는 배당금이 얼마라고 발표되기 전까지 실제로 얼마나 들어올지 전혀 예측할 수 없습니다. "작년 이맘때 1주당 1달러였으니까 올해도 최소 1달러는 들어오겠지?" 정도의 예상만 가능

연도	1분기	2분기	3분기	4분기	총 연간 배당금
2025년	$0.2488	$0.2602	$0.2604	$0.2782	$1.0476
2024년	$0.2037	$0.2747	$0.2515	$0.2645	$0.9944
2023년	$0.1988	$0.2216	$0.2183	$0.2474	$0.8861
2022년	$0.1725	$0.2347	$0.2123	$0.2345	$0.8540
배당성장률	22.1%	-5.3%	3.5%	5.2%	5.3%

해요. 물론 SCHD나 VIG, NOBL처럼 우량 배당주로 구성된 ETF의 배당금을 보면 전년보다 조금씩 증가하지만, 항상 그렇다고 말할 수는 없습니다.

위의 표를 보세요. SCHD의 2024년 2분기 배당금은 1주당 0.2747달러였지만, 2025년에는 0.2602달러로 약 5.3% 줄었습니다. 물론 연간 총배당금으로 보면 2024년보다 2025년이 증가했지만, 이런 식으로 분기로 끊어서 보면 해당 월에 예상한 것보다 배당금이 덜 들어올 수도 있습니다. 그런데 이걸 배당락일에나 알 수 있다는 게 문제입니다.

SCHD의 지난 10년간 분기별 배당금 차트를 볼까요? 시간이 지날수록 점점 늘어나는 추세긴 하지만 분기배당금은 들쑥날쑥하죠? 보통 4분기 배당금이 가장 많고 1분기가 가장 적습니다. 그래

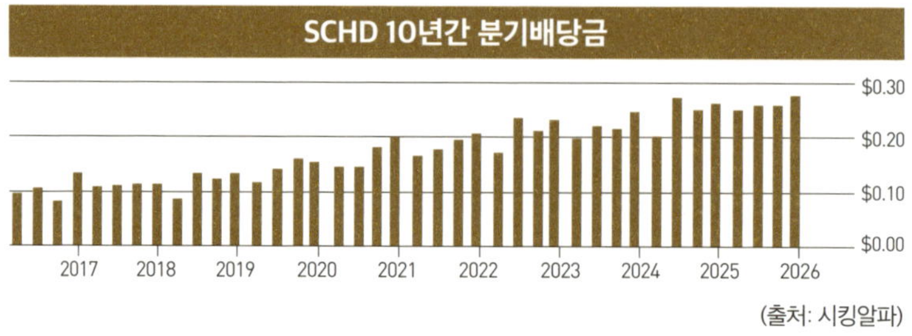

(출처: 시킹알파)

서 SCHD 투자로 배당금을 받아 생활비로 사용하려면 나름 치밀한 계획을 세워야 합니다. 개미와 베짱이 이야기에 나오는 개미는 봄, 여름, 가을에 열심히 모으고 그걸로 추운 겨울을 버티잖아요. 우리도 마찬가지예요. ETF는 보통 4분기 배당금이 가장 많으므로, 겨울에 받은 배당금을 잘 모아뒀다가 봄, 여름, 가을에 사용해야 합니다.

개별주식

ETF와 달리 배당 개별주식들은 배당금이 얼마 들어올지, 언제 들어올지를 쉽게 예상할 수 있습니다. 대표 배당주인 코카콜라(KO) 배당금 지급내역을 살펴보겠습니다. 2022년 배당금은 분기별로 1주당 0.44달러였고, 2023년은 1주당 0.46달러, 2024년은 1주당 0.485달러였습니다. 코카콜라 회사에 엄청난 문제가 생기지 않는 한 3개월에 한 번씩 정확히 같은 금액이 들어옵니다.

Dividend Payout History

Year	Amount	Adj. Amount	Dividend Type	Frequency	Ex-Div Date	Record D
2025						
	0.5100	0.5100	Regular	Quarterly	12/1/2025	12/1/2
	0.5100	0.5100	Regular	Quarterly	9/15/2025	9/15/2
	0.5100	0.5100	Regular	Quarterly	6/13/2025	6/13/2
	0.5100	0.5100	Regular	Quarterly	3/14/2025	3/14/2
2024						
	0.4850	0.4850	Regular	Quarterly	11/29/2024	11/29/2
	0.4850	0.4850	Regular	Quarterly	9/13/2024	9/13/2
	0.4850	0.4850	Regular	Quarterly	6/14/2024	6/14/2
	0.4850	0.4850	Regular	Quarterly	3/14/2024	3/15/2
2023						
	0.4600	0.4600	Regular	Quarterly	11/30/2023	12/1/2
	0.4600	0.4600	Regular	Quarterly	9/14/2023	9/15/2
	0.4600	0.4600	Regular	Quarterly	6/15/2023	6/16/2
	0.4600	0.4600	Regular	Quarterly	3/16/2023	3/17/2
2022						
	0.4400	0.4400	Regular	Quarterly	11/30/2022	12/1/2
	0.4400	0.4400	Regular	Quarterly	9/15/2022	9/16/2
	0.4400	0.4400	Regular	Quarterly	6/14/2022	6/15/2
	0.4400	0.4400	Regular	Quarterly	3/14/2022	3/15/2

(출처: 시킹알파)

이런 식으로 코카콜라, 펩시, 스타벅스, 리얼티인컴 등 개별종목에만 투자한다면 매월 매 분기 내가 받을 배당금이 얼만지 미리 알 수 있습니다. 매번 같은 금액이 들어오니 생활비 관리가 편하죠.

회사 월급은 보통 정해진 금액이 정해진 날짜에 들어오잖아요. 지난달에 월급이 300만 원 들어왔다면, 다음 달에도 300만 원이 들어옵니다. 만약 월급이 어떤 달에는 250만 원 들어왔다가, 어떤 달에는 350만 원이 들어왔다가 하면 어떨까요? 그리고 그달에 들어오는 월급이 얼마인지는 월급날 하루이틀 전에야 알 수 있다면 말이죠. 숨만 쉬어도 나가는 고정생활비가 많은 상황이라면 매우 불안할 겁니다.

정리하면 ETF는 개별종목 리스크를 줄여 투자의 안정감을 높일 수 있지만, 반대로 생활비 활용 측면에서는 안정감이 떨어집니다. 개별종목은 반대로 투자 안정감은 ETF에 비해 상대적으로 떨어지지만, 현금흐름 면에서는 더 안정적입니다.

또 운용규모가 크고, 유명한 배당 ETF들은 대부분 분기배당입니다. 3개월에 1번씩 즉 1년에 4번 배당금을 주고, 배당지급 월은 대부분 3, 6, 9, 12월이 많아요. 이 말은 미국상장 ETF만으로는 월급처럼 매월 배당금을 받는 구조를 만들기가 쉽지 않다는 뜻입니다.

물론 미국 주식시장에는 월배당 ETF도 정말 많습니다. 하지만 ETF 규모와 배당률 모두 어느 정도 되는 월배당 ETF를 찾아보면 채권이나 커버드콜처럼 여러 전략을 활용한 경우가 많습니다. 특히 커버드콜은 주식을 보유한 상태에서 그 주식을 살 수 있는 권리(콜옵션)를 다른 사람에게 팔아 추가 수익을 챙기는 투자 전략입니다. 지금까지 설명한 주식 기반 상품과는 다른 방식으로 운용되는 ETF입니다.

그래서 배당투자를 처음 시작하는 단계라면 추천하지 않습니다. 어떤 일이든 처음 시작할 때는 기본에 충실해야 합니다. 주식

Screeners / ETFs / Best Monthly Dividend ETF Screener for Apr 2024

#	NAME	TICKER	ISSUER
1	iShares Core U.S. Aggregate Bond ETF	AGG	iShares
2	Vanguard Total Bond Market Index Fund ETF	BND	Vanguard
3	Vanguard Total International Bond Index Fund ETF	BNDX	Vanguard
4	iShares 20+ Year Treasury Bond ETF	TLT	iShares
5	Vanguard Intermediate-Term Corporate Bond Index ..	VCIT	Vanguard
6	iShares National Muni Bond ETF	MUB	iShares
7	Vanguard Short-Term Corporate Bond Index Fund ETF	VCSH	Vanguard
8	iShares iBoxx $ Investment Grade Corporate Bond ..	LQD	iShares
9	JPMorgan Equity Premium Income ETF	JEPI	JPMorgan
10	SPDR Dow Jones Industrial Average ETF Trust	DIA	State Street
11	Vanguard Tax-Exempt Bond Index Fund ETF	VTEB	Vanguard
12	SPDR® Bloomberg 1-3 Month T-Bill ETF	BIL	State Street
13	Vanguard Short-Term Bond Index Fund ETF	BSV	Vanguard

(출처: etf.com)

형 ETF와 개별주식 배당투자로 어느 정도 감이 잡히고 나면, 그때 다른 자산이나 커버드콜처럼 특수한 ETF에 도전해 보세요. 피 같은 내 돈을 투자하는데 급할 필요 없습니다. 참고로 월배당 ETF 이름에 'Bond'가 들어가 있으면 채권이라는 뜻이에요.

그러니 배당투자가
처음이라면 이렇게 시작하자

개별종목이 나무를 보는 투자라면, 배당 ETF는 숲을 보는 투자입니다. 이 관점에서 이제 막 투자를 시작했다면 아무래도 ETF가 괜찮은 선택입니다. 배당, 성장, 금융, 필수소비재 등 종류별로 주식을 묶어 ETF를 만들기 때문에, 내가 원하는 방향으로 투자하면서도 개별종목 투자보다 안전합니다.

이런 이유로 저도 언젠가부터 점점 ETF로 넘어오게 되었습니다. 처음에는 개별종목 비중이 80%였는데, 이제는 ETF가 80% 이상이에요. 생활비가 걸린 배당투자라서 더 많은 수익보다는 안전한 배당금이 더 중요했습니다. 만 55세부터는 개인연금을 받을 수 있으니, 그때부터는 아예 ETF에만 투자할 계획입니다. 로우 리스크 로우 리턴 전략이죠.

하지만 처음 투자를 시작한다면 개별종목에도 ETF에도 각각 투자해 보면서 경험을 쌓길 권합니다. 소액으로 한두 주 조금씩 매수하면서 내가 배당주 보는 안목이 있는지 파악도 해보고요. 초반에 개별종목 투자 경험 없이 바로 ETF에만 투자하면 분명 나중에 개별종목에 욕심이 생깁니다. 늦바람이 무섭다고 미래에는 투자금도 지금보다 훨씬 클 겁니다. 갑자기 개별종목으로 방향을 확 틀어버렸다가 좋지 않은 결과가 나오면 계좌를 복구하는 데 더 많은 시간과 에너지가 필요합니다.

이렇게 말하는 이유는 저 역시 개별종목 투자 유혹이 정말 컸기 때문입니다. 저는 주식투자를 처음 시작한 2017년부터 개인투자자에게는 개별종목보다 ETF가 '느리지만 확실하게 부자 되는 방법'이라는 사실을 알고 있었어요. 여러 자료를 찾아보니 수많은 데이터가 이를 증명하고 있었거든요. 그래서 코스피200 ETF나 코스닥150 ETF, 국내 배당 ETF로 투자를 시작했습니다.

그런데 주식투자로 조금씩 돈을 벌다 보니 개별종목에 투자하면 더 성과가 좋겠다는 근거 없는 자신감에 휩싸였어요. 그때부터 공격적인 개별종목 투자를 시작했지만 결과는 좋지 않았습니다. "그때 딴생각하지 않고 원래 하던 대로만 했으면 지금쯤 훨씬 많은 배당금이 나오고 있을 텐데…"라는 아쉬움만 남았습니다.

이런 경험을 하고 나서부터는 주변 친구들이 어떻게 투자해야 할지 물어볼 때마다, S&P 500 ETF와 배당 ETF를 꾸준히 산다고 말해줍니다. 왜 그러는지 근거도 보여주고, 듣고 나면 다들 공감하며 고개를 끄덕입니다. 하지만 몇 개월 후 요즘 투자 어떠냐고 물어보면 10명 중 8, 9명은 ETF 팔고 개별종목으로 갈아탄 상태였습니다. ETF는 수익률도 낮고 재미가 없다는 이유로요.

하지만 아쉽게도 개별종목으로 갈아탄 친구 중 유의미한 수익을 낸 사례는 아직 못 봤습니다. 이것이 개별종목 투자 경험을 먼저 하고 나서, 배당 ETF의 안정감을 확실히 느껴보라고 추천하는 이유입니다. 혹시 본인에게 매우 안정적이고 훌륭한 배당 개별주를 고르는 안목이 있다면 그건 정말 좋은 일이고요. 직접 경험해야 알 수 있는 일입니다.

투자가 처음이라 걱정된다면 정말 적은 돈으로 작게 시작하면 됩니다. 소액으로 경험을 쌓으면서 나에게 맞는 투자 방법을 알아가는 겁니다. 나만의 투자 기준이나 노하우가 생긴 다음 투자금을 키워도 충분합니다. 남과 비교하지 말고 자기만의 레이스를 하세요.

요즘은 처음부터 완벽하게 준비하고 실행하는 시대가 아니잖아요. 투자뿐만 아니라 온라인 부업도 마찬가지입니다. 블로그, 유튜브, 스마트스토어, 전자책 등 할 수 있는 건 정말 많고, 나와 잘 맞는 걸 찾는 게 중요합니다.

처음에 추천하는
배당 ETF는 딱 4가지

많은 배당투자자가 조금씩 모아가고, 개인적으로도 추천하는 미국 ETF 4개를 선정해 봤습니다. 마음에 드는 ETF가 있다면 4장에서 설명하는 시킹알파, etf.com, financecharts.com에서 검색해 보고 자세히 알아보세요. 배당률 등 수치화된 정보는 매 분기 바뀌니까요.

티커(종목코드)	VIG	이름	Vanguard Dividend Appreciation ETF
현재주가	$227.26	운용사	Vanguard
배당주기	분기별 (3, 6, 9, 12월)	운용자산	$838억(약 112조 원)
1년배당률(TTM)	1.37%, $3.56	운용수수료	0.06%
최근 5년 배당성장률	9.15%	투자종목	10년 이상 연속 배당 증가 기업
배당 연속 증가 연수	12년	투자섹터	산업재, 헬스케어, 금융 등

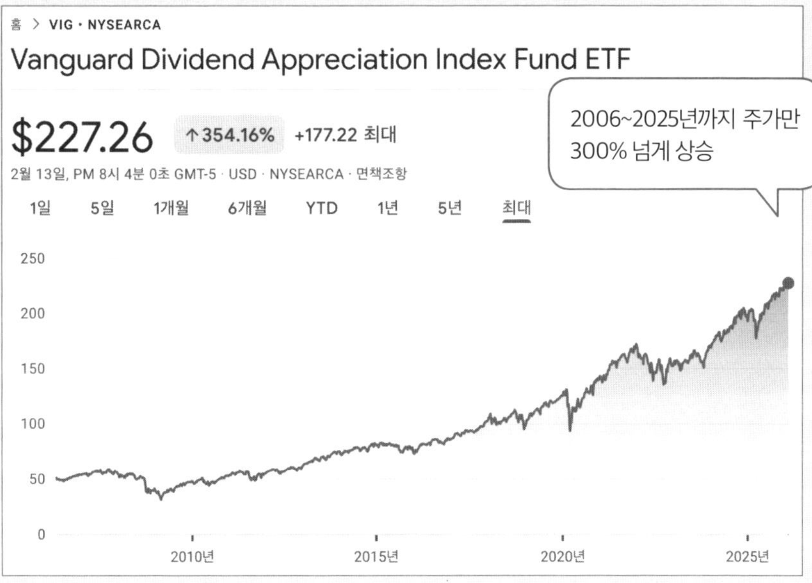

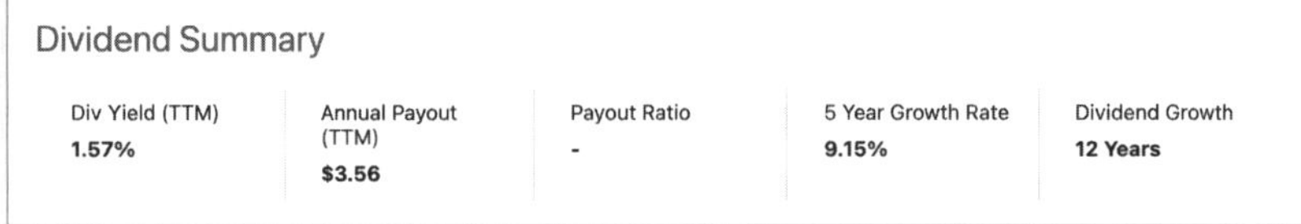

2026년 2월 기준(출처: Google, 시킹알파, etf.com)

VIG: 우등생만 모아서 장기투자에 '딱'이지만 아쉬운 배당률

financecharts.com에서 'Dividend ETFs'를 클릭하면 미국에 상장된 배당 ETF가 운용규모 순으로 쭉 나타납니다. 100개가 넘는 배당 ETF가 보이는데, 아무래도 투자자들한테 인기 많은 상품일수록 ETF 규모가 크니 순서대로 관심을 가지고 보면 됩니다. 여기서 가장 큰 규모를 자랑하는 ETF가 VIG입니다.

VIG(Vanguard Dividend Appreciation Index Fund ETF)는 최근 10년 동안 한 번도 빠지지 않고 매년 배당금을 인상한 기업들만 모아 놓았습니다. 애플, 마이크로소프트, 비자, JP모건, 존슨앤존슨처럼 안정적으로 매년 배당금을 올려주는 알짜 기업들이 들어있습니다. 분기배당으로 1년에 4번 배당금을 줍니다.

다만 워낙 훌륭한 기업들이 모여있다 보니 주가가 높게 유지되고 있어요. 2026년 2월 현재 주가는 약 227달러입니다. 배당률은 1.37%, 1주당 배당금은 약 3.56달러예요. 앞에서 이야기했듯이 이렇게 훌륭한 주식에는 프리미엄이 붙어서 VIG의 시가배당률(1주당 배당금÷주가)은 낮을 수밖에 없습니다. 배당금을 보면 '이게 배당률 약 1.4%짜리 배당 ETF가 맞나?'라는 생각이 자연스럽게 들 겁니다.

예를 들어 VIG 배당금으로 1년에 1,000만 원을 받고 싶다면 VIG에만 7억 원 넘게 투자해야 합니다(1,000만 원 ÷ 1.4%). 배당금 받을 때 내는 세금까지 고려하면 배당금 1,000만 원을 받기 위해 필요한 투자금은 더 늘어납니다. 금수저이거나 전문직, 억 단위 고소득자가 아니라면 현실적으로 VIG 투자만으로 경제적 자유를 얻기는 어려워 보입니다. 그런데도 미국 주식시장에서 VIG가 배당 ETF 분야 규모 1등인 이유는 무엇일까요?

VIG 보유 종목	
Top 10 Holdings	
BROADCOM INC ORD	6.24%
APPLE INC ORD	3.88%
MICROSOFT CORP ORD	3.84%
ELI LILLY AND CO ORD	3.71%
JPMORGAN CHASE & CO ORD	3.63%
EXXON MOBIL CORP ORD	2.71%
JOHNSON & JOHNSON ORD	2.46%
WALMART INC ORD	2.35%
VISA INC ORD	2.28%
MASTERCARD INC ORD	2.00%
Total	33.11%
# of Holdings	347
*Holdings as of 2026-01-31	

(출처: 시킹알파)

VIG는 300개 넘는 기업을 담고 있습니다. 최소 10년 연속 매년 배당금을 인상한 기업들만 포함되기 때문에 '안정적인 배당금 지급' 측면에서는 장점이 확실합니다. 300여 개 기업 중 절반 이상이 한꺼번에 배당금을 줄일 만큼 엄청난 사건이 터지지 않는 한 배당금은 조금씩이라도 매년 상승할 확률이 높습니다.

실제로 시킹알파에서 VIG 연도별 배당금을 그래프로 확인할
수 있는데, 지난 10년간 배당금이 매년 늘고 있습니다. 2008년 글
로벌 금융위기 때는 VIG도 배당금을 줄이긴 했지만, 반대로 말하
면 그 정도 대형사건이 터지지 않는 한 안정적인 배당금 지급이 가
능하다는 뜻이죠.

또 기초체력이 튼튼한 기업들로만 구성된 ETF라 주식시장에서
프리미엄을 받는다고 했잖아요? 그 말은 안정적인 배당금과 함께
주가상승을 통한 자산 증식에도 도움이 된다는 의미입니다. 이런
이유로 배당 ETF 중 VIG에 가장 많은 돈이 몰릴 수 있었다고 생각
합니다.

티커(종목코드)	SCHD	이름	Schwab U.S. Dividend Equity ETF
현재주가	$31.61	운용사	Charles Schwab
배당주기	분기별 (3, 6, 9, 12월)	운용자산	$701억(약 94조 6,350억 원)
1년배당률(TTM)	3.31%, $1.05	운용수수료	0.06%
최근 5년 배당성장률	9.13%	투자종목	10년 이상 배당 지급 미국 기업 100개
배당 연속 증가 연수	14년	투자섹터	에너지, 소비재, 헬스케어 중심

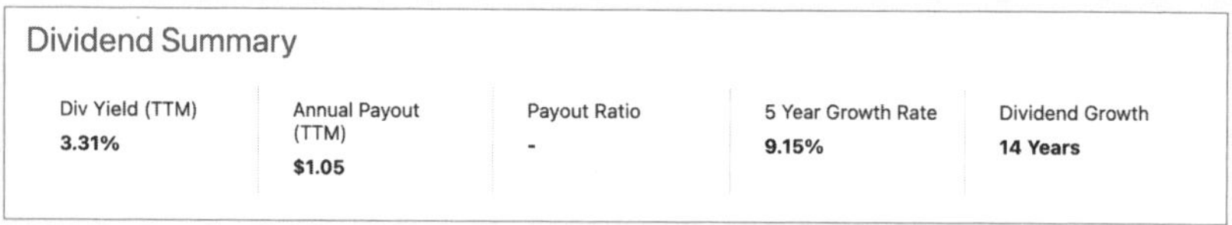

2026년 2월 기준(출처: Google, 시킹알파, etf.com)

SCHD: 수익과 배당, 두 마리 토끼 다 잡은 육각형 배당 ETF

VIG보다 배당률이 조금 더 높으면서 많은 사람들이 모아가는 배당 ETF를 하나 더 소개해 볼게요. 배당 ETF 중 규모 2등인 SCHD입니다. 시가총액이 약 700억 달러나 될 만큼 배당투자자들에게 인기가 많습니다.

우선 SCHD 배당률은 3~4%대입니다. 우량한 배당주 100여 개를 엄선해서 하나의 ETF로 묶어놨기 때문에 배당금도 매년 늘고 있죠. 이 ETF는 2011년에 상장했는데 지금까지 단 한 번도 전년보다 배당금이 줄어든 적이 없어요. 분기배당으로 1년에 4번 배당금을 줍니다.

2026년 2월 기준 SCHD에 들어있는 대표기업을 보면 코카콜라, 펩시코, 셰브론, 코노코필립스, 버라이즌, 머크 앤 코, 알트리아, 록히드마틴 등 헬스케어, 에너지, 소비재, 기술 등 각 분야에서 돈 잘 버는 기업들로 구성되어 있습니다.

SCHD에 들어있는 종목은 매우 까다로운 절차를 통해 매년 3월에 결정됩니다. 크게 3단계 검증과정을 거치는데, 1단계에서는 최소 10년 이상 배당금을 연속 지급하면서 5억 달러 이상의 유동주식 보유, 최소 3개월간 일평균 거래량이 2백만 달러 이상인 종목만 선정합니다. 이때 리얼티인컴 같은 부동산 리츠 기업은 제외해요.

참고로 '유동주식'이란 총발행 주식 중 비공개 주식을 빼고, 시장에서 거래할 수 있는 주식을 말합니다.

2단계에서는 내년 예상 배당수익률 기준으로 상위 50%인 기업을 선정합니다. 이렇게 추려진 기업들은 3단계에서 4가지 항목 즉 총부채 대비 잉여 현금흐름, 자기자본 수익률(ROE), 내년 예상 배당수익률(IAD 수익률), 5년간 배당성장률 실적을 각각 25%씩 동일한 비중으로 점수를 매깁니다. 각 항목 점수의 평균을 내서 높은 점수순으로 상위 100개 기업을 최종 선별합니다.

SCHD 보유 종목	
Top 10 Holdings	
LOCKHEED MARTIN CORP ORD	4.82%
CONOCOPHILLIPS ORD	4.32%
VERIZON COMMUNICATIONS INC ORD	4.31%
CHEVRON CORP ORD	4.31%
BRISTOL-MYERS SQUIBB CO ORD	4.28%
MERCK & CO INC ORD	4.24%
ALTRIA GROUP INC ORD	4.14%
TEXAS INSTRUMENTS INC ORD	4.06%
COCA-COLA CO ORD	4.03%
PEPSICO INC ORD	4.01%
Total	42.53%
# of Holdings	102
*Holdings as of 2026-02-28	

(출처: 시킹알파)

종목 선정 과정이 정말 복잡해 보이지만 핵심은 크게 2가지예요.

'최소 10년 동안 연속해서 배당금을 지급했는가?'

'배당률이 너무 낮지 않으면서 돈을 잘 벌고 있는 기업인가?'

매년 3월 이렇게 뽑힌 주식들이 2011년부터 지금까지 좋은 성과를 보여준 거죠. 3% 넘는 배당률, 그리고 매년 배당금이 꾸준히 늘어나는 것을 보면서 안정적인 배당 현금흐름을 원하는 많은 투자자에게 사랑받기 시작했습니다. 저 역시 처음 배당투자를 시작한다면, 그리고 안정적인 배당금을 원하는 투자자라면 SCHD를 꼭 주의 깊게 보라고 말하는 편입니다.

지금까지 설명만 보면 VIG보다 SCHD가 배당투자자에게 훨씬 좋아 보일 겁니다. 하지만 꼭 그렇지도 않습니다. 어떤 ETF가 더 좋다 나쁘다 하는 평가는 각자의 투자 목표나 현재 자산 현황 등 여러 변수에 따라 언제든 달라질 수 있기 때문입니다.

극단적인 가정이지만 만약 100억대 자산가라면 S&P 500 ETF인 SPY나 VOO, IVV에만 투자해도 충분합니다. 배당률이 1%대지만 100억의 1%는 1억이기 때문이죠. 하지만 10억 자산가라면 얘기가 달라져요. 추가 소득 없이 배당금으로만 생활하려면 SPY 배당금만으로는 솔직히 쉽지 않습니다. 10억의 1%는 1천만 원밖에 안 되니까요.

배당금을 받았을 때 내야 할 세금까지 고려하면 한 달에 71만 원 수준입니다. 요즘 같은 고물가 시대에서는 숨만 쉬어도 70만 원은 훌쩍 넘게 나갑니다. 이런 상황이라서 10억 자산가라면 SCHD나 다른 고배당 ETF가 좋은 투자상품이 될 거예요.

티커(종목코드)	VYM	이름	Vanguard High Dividend Yield ETF
현재주가	$155.37	운용사	Vanguard
배당주기	분기별 (3, 6, 9, 12월)	운용자산	$573억(약 76조 6,000억 원)
1년배당률(TTM)	2.23%, $3.30	운용수수료	0.06%
최근 5년 배당성장률	3.79%	투자종목	고배당 대형 우량주
배당 연속 증가 연수	13년	투자섹터	금융, 헬스케어, 소비재 중심

2026년 2월 기준(출처: Google, 시킹알파, etf.com)

VYM: 미국 우량주만 골고루 담은 든든한 도시락

VYM은 부동산 리츠 주식을 제외하고, 배당수익률이 높은 미국 주식을 시가총액이 큰 순서대로 펀드에 많이 담는 '시가총액 가중 방식' ETF입니다. 세계 1등 은행인 JP모건, 정유 1등 엑슨모빌을 포함해서 존슨앤존슨, P&G 등이 들어있습니다. 한 마디로 배당금 많이 주기로 유명하고, 돈 잘 버는 기업들을 모아 놓은 거죠. 그래서 마음 편하게 투자하기 좋은 매우 기본적인 배당 ETF입니다.

VYM 보유 종목	
Top 10 Holdings	
BROADCOM INC ORD	6.95%
JPMORGAN CHASE & CO ORD	3.63%
EXXON MOBIL CORP ORD	2.71%
JOHNSON & JOHNSON ORD	2.48%
WALMART INC ORD	2.35%
ABBVIE INC ORD	1.79%
HOME DEPOT INC ORD	1.69%
PROCTER & GAMBLE CO ORD	1.62%
BANK OF AMERICA CORP ORD	1.56%
CHEVRON CORP ORD	1.50%
Total	26.30%
# of Holdings	571
*Holdings as of 2026-01-31	

(출처: 시킹알파)

2011년부터 지금까지 배당금도 매년 꾸준히 느는 중이고, 배당률도 3% 대로 SCHD와 비슷합니다. 안정적인 배당금 지급이 중요한 사람들에게 추천하는데, 같은 이유로 배당투자 입문용으로 부담 없이 시작하기도 좋아요.

SCHD와 VYM 중 어디에 투자할지 고민하는 투자자가 정말 많습니다. 지금까지는 SCHD가 조금 더 좋은 성과를 보여줬지만, 미래에는 다른 결과가 펼쳐질 수 있는 만큼 투자 전 자세한 비교와 공부는 필수입니다. 고민하는 사람들을 위해 차이점을 표로 만들었으니 참고하세요.

SCHD와 VYM 비교		
항목	SCHD	VYM
배당률(TTM)	3.31%	2.23%
배당성장률(5년)	9.13%	3.79%
주가 성장성	상대적으로 높음	보통
배당 안정성	높음 + 성장 중	높음
주요 특징	돈 잘 벌면서 10년 넘게 배당 지급하는 100개 기업에 집중투자(배당 + 주가 성장)	500개 넘는 배당주에 분산투자해서 배당 안정성 높음 (배당 + 분산 + 안정성)
투자 섹터	산업재, 소비재, 헬스케어 중심	금융, 에너지, 소비재 등 분산

XLP: 불황에도 꿋꿋한 필수소비재

투자할 ETF를 고를 때 가장 먼저 얘기했던 게 '필수소비재' 기업이라고 했던 거 기억하나요?

XLP는 미국 S&P 500 지수 중 필수소비재 섹터, 즉 콜라, 치약, 세제, 화장지, 담배 등을 파는 회사들에 투자하는 ETF입니다. 식품과 생필품뿐만 아니라 우리에게 익숙한 월마트나 코스트코 등의 소매업도 들어있습니다.

XLP 보유 종목	
Top 10 Holdings	
WALMART INC ORD	11.37%
COSTCO WHOLESALE CORP ORD	9.08%
PROCTER & GAMBLE CO ORD	7.92%
COCA-COLA CO ORD	6.40%
PHILIP MORRIS INTERNATIONAL INC ORD	5.89%
COLGATE-PALMOLIVE CO ORD	4.76%
PEPSICO INC ORD	4.70%
ALTRIA GROUP INC ORD	4.58%
MONDELEZ INTERNATIONAL INC ORD	4.45%
MONSTER BEVERAGE CORP ORD	3.63%
Total	62.78%
# of Holdings	40
*Holdings as of 2026-02-28	

(출처: 시킹알파)

ETF 비중 순으로 보면 월마트, 코스트코, P&G, 코카콜라, 필리모리스, 콜게이트 등이 있는데, 이 기업들의 제품은 전 세계 사람들이 매일 소비하는 만큼 배당금도 매우 안정적으로 나옵니다. 당연히 경기가 나빠져도 사람들이 꼭 사는 물건들이라 불황에 강하죠. 실제로 2008년 금융위기 때나 코로나19 때도 배당을 유지했습니다.

주가가 잘 안 빠지는 대신 크게 오를 일도 없어서 높은 수익률을 기대하긴 어렵습니다. 배당률이 2% 중반대로 조금 낮다는 점

티커(종목코드)	XLP	이름	Consumer Staples Select Sector SPDR Fund
현재주가	$89.51	운용사	State Street
배당주기	분기별 (3, 6, 9, 12월)	운용자산	$168억 (한화 약 22조 4,400억 원)
1년배당률(TTM)	2.39%, $2.14	운용수수료	0.10%
최근 5년 배당성장률	4.83%	투자종목	미국 필수소비재 대표 기업
배당 연속 증가 연수	10년	투자섹터	음식, 생활용품, 유통 등

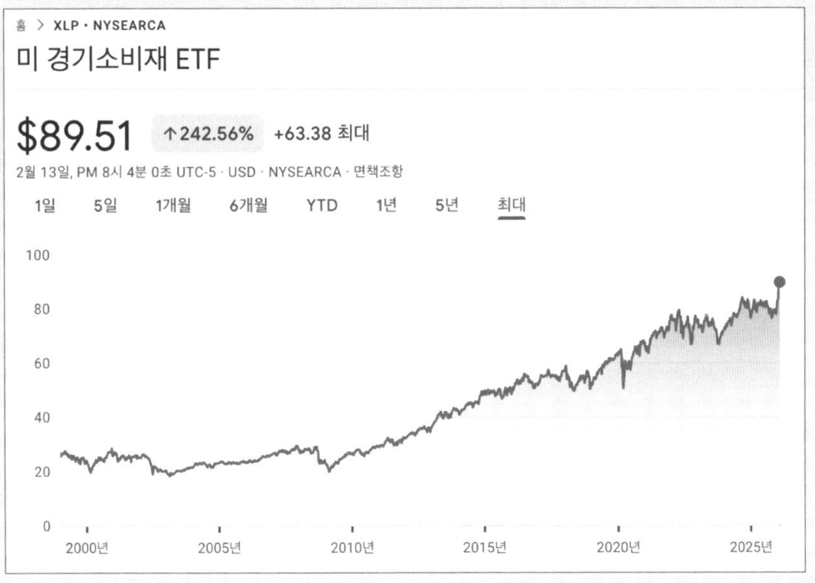

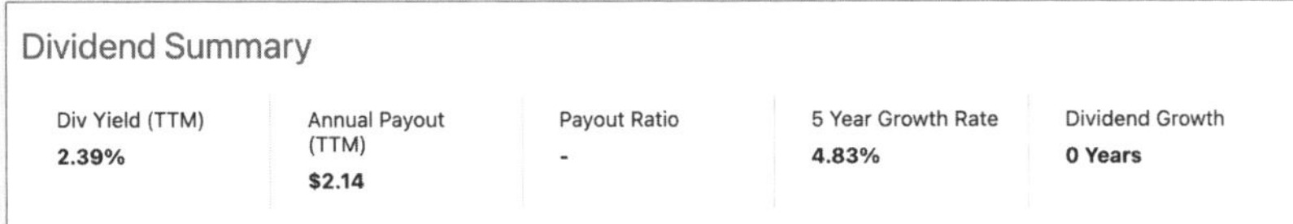

2026년 2월 기준(출처: Google, 시킹알파, etf.com)

이 아쉽습니다.

분기배당이라 1년에 4번 3, 6, 9, 12월에 배당금이 나오고, 10년째 배당금이 늘고 있었지만 아쉽게도 2025년에는 연간 배당금이 줄었습니다. 배당킹, 배당귀족주에 항상 나오는 코카콜라, 펩시코, P&G를 XLP 하나로 투자할 수 있다는 점이 매력적입니다.

배당으로 월세 받듯 안정적인 생활을 설계하고 싶은 사람이나 경기와 상관없이 꾸준한 배당이 중요한 은퇴 준비자, 불황에도 리스크를 최대한 줄이고 싶은 보수적 투자자에게 적합합니다.

제발 초고배당주에 눈 돌리지 마라

월배당 커버드콜 ETF, QYLD

이 책의 목표는 안정적인 수익을 배당금으로 받는 것입니다. 뒤에 있는 5장에서 나한테 필요한 생활비와 그 금액만큼을 배당금으로 받기 위해 필요한 투자금이 얼마인지를 계산하는 방법이 구체적으로 나옵니다.

예를 들어, 시가배당률 3.5%인 주식에 투자해서 세후 월 300만을 받으려면 13억이라는 투자금이 필요하다는 계산이 눈앞에 떨어지죠. 이런저런 변수가 있지만 숫자만으론 그렇습니다. 애초에 13억 있으면 그냥 속 편하게 지내겠다는 얘기가 나올 만한 금액입니다. 투자금을 줄이려면 배당률이 더 높은 종목에 투자하면 됩니다.

여기서부터 문제가 시작됩니다. 배당률이 높으면 투자금이 적어도 배당금을 더 많이 받을 수 있으니 고배당 주식/ETF는 항상 많은 사람들의 관심을 받습니다. 다들 생활비가 많으면 많을수록 좋다고 생각하니, 한정된 투자금으로 더 많은 배당금을 받으려면 배당률 높은 주식을 선택할 수밖에 없죠.

그래서 목표 생활비와 시가배당률을 현실적으로 조합해서 미래를 준비해야 합니다. 목표 생활비를 무작정 월 1천만 원, 2천만 원으로 잡으면 필요한 투자금이 말도 안 되게 많아집니다. '시가배당률 10%, 20% 주식에 투자하면 해볼 만하지 않을까?'라고 생각할 수 있지만, 단순히 높은 배당률만 보고 투자하는 방법은 정말 위험합니다. 배당률 10% 이상의 초고배당 ETF 중 지금까지 안정적인 배당금을 지급하면서 배당이 증가하는 ETF는 없었습니다.

인기 있는 미국상장 고배당 ETF들	
고배당 ETF	시가배당률
NVDY	70%
TSLY	89%
QYLD	12%
XYLD	10%
JEPI	8%
JEPQ	11%

(출처: 시킹알파, 2026년 2월 기준)

2019년, 미국 배당투자가 유행하기 시작했을 때 많은 사람이 QYLD라는 월배당 커버드콜 ETF를 모으기 시작했습니다. 10%대의 높은 배당률 덕분에 1억 원을 투자하면 세후로 월 70만 원이 넘는 배당금이 나왔어요. 쉽진 않겠지만 어찌어찌 4억 정도만 모으면 회사 월급 없이 배당금만으로 생활할 수 있을 것처럼 보였습니다. 하지만 행복한 상상은 오래가지 못했죠. 배당금이 일정하지 않은 것도 문제였지만, 시간이 지날수록 배당금이 떨어질 때가 많았습니다.

QYLD뿐만 아니라 시대를 풍미했던 배당률 10% 고배당주와 ETF 중 배당금을 줄이지 않고 지금까지 꾸준한 종목은 거의 없습니다. 간혹 있더라도 주식시장에 상장한 지 얼마 되지 않아서 '안정적인 배당지급'이 검증되었다고 말하기는 조심스럽습니다. "고배당주나 ETF는 다 좋지 않다"라고 단정할 순 없지만, 그렇다고 내 돈을 전부 투자하기도 부담스러운 이유입니다.

개인적으로 안정적인 배당금 지급을 위한 적정 배당률은 연간 5~6%라고 생각합니다. 시장에서 어떤 주식이 적정 가치를 인정받지 못하거나 미래가 지금보다 더 나빠질 거로 생각하는 사람이 많으면 주가는 떨어집니다. 그러면 자연스럽게 배당률은 올라갑니다. 매년 지급하는 배당금은 그대로인데 주가만 떨어졌다면, 상대적으로 배당률이 '올라간 것처럼' 보이는 거죠. 그래서 무조건 배

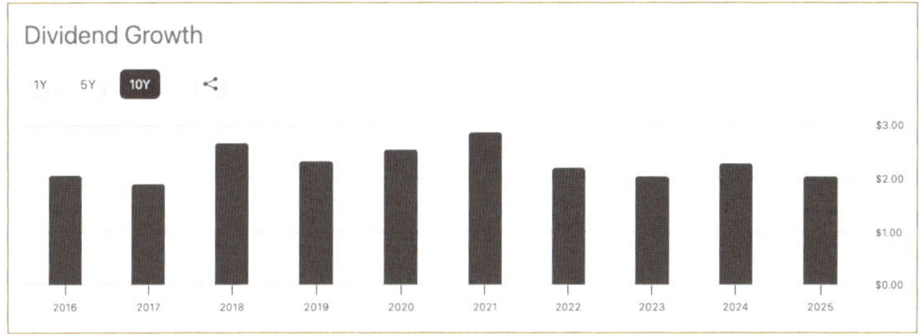

(출처: 시킹알파)

당률이 높다고 투자하면 위험합니다.

고배당주에 대한 유혹이 가장 심한 시기는 배당투자를 준비할 시간이 부족한 은퇴 전후입니다. 6장에서 은퇴 후 투자전략에 대해 자세히 설명하니 참고하세요.

배당 ETF로 월 400만 원 현금흐름 만들기

4장

마르고 닳도록
쓰게 될 배당투자
분석 도구

수익 나는 개별종목은
이렇게 고른다
실전 종목 분석 5단계 공개!

미국 주식 배당투자를 시작할 때는, 먼저 투자하고 싶은 미국 주식들을 직접 골라 보는 것이 좋습니다. 매월 배당금 받는 월배당 포트폴리오도 좋고, 월배당은 아니지만 믿음직한 기업들로만 구성된 포트폴리오도 괜찮습니다. 중요한 건 남들이 좋다니까 고르는 게 아니라, 내가 이해한 방식으로 투자하는 것입니다.

반대로, 너무 이것저것 따지다가 아무것도 시작하지 못하는 경우도 많습니다. 이럴 땐 우선 S&P 500 지수에 포함된 기업 중에서 골라 보세요. 이 지수에는 미국 대표기업 500개가 포함되어 있으며, 대부분 이름만 들어도 어떤 일을 하는 회사인지 알 수 있습니다.

배당금은 결국 기업이 버는 돈이 원천이기 때문에, 전 세계에 제품과 서비스를 제공하는 기업이 아무래도 든든하니까요. 예를 들어 코카콜라처럼 많은 사람들이 꾸준히 소비하고, 펩시콜라 말고 딱히 대체제가 없는 기업이라면, 앞으로도 배당금을 꾸준히 지급하고 매년 늘려줄 가능성이 매우 높습니다.

결국 배당금으로 은퇴를 준비한다면 중요한 건 2가지입니다:
① 기업이 돈을 꾸준히 잘 벌고 있는가?
② 배당금을 매년 조금씩이라도 늘리고 있는가?

이 2가지를 확인하려면 시킹알파 사이트에서 EPS(주당순이익)와 DPS(배당금)를 살펴보세요. 참고로 저는 업계 압도적 1위이거나 주변 사람들이 모두 좋아하는 기업들 위주로 1차 선정합니다. 실적과 배당흐름을 보면 대부분 EPS, DPS 둘 다 장기적으로 상승하더라고요.

그래도 아직 막막하죠? 그래서 좋은 배당주를 고르기 위한 실전 5단계 분석 순서를 정리했습니다. 물론 이 방식이 정답은 아닙니다. 투자 경험이 쌓이면 자연스럽게 자신만의 기준과 순서를 찾게 될 겁니다. 지금은 연습하는 마음으로 하나씩 따라가 보세요. 기본적인 정보는 시킹알파(Seeking Alpha)에서, 조금 더 ETF에 집중해서 알아보고 싶다면 etf.com을 활용하면 됩니다. 배당주를 고르는 기본적인 흐름을 소개하겠습니다. 우선 ETF 대신 개별종목 기준으로 살펴봅시다.

1단계: 내 주변에서 쉽게 볼 수 있는 기업에서 시작하자

가장 먼저 할 일은 당연히 내가 관심을 두고 꾸준히 관찰할 수 있는 기업을 선정하는 것입니다. 나와 주변 사람들이 많이 사용하는 제품과 서비스를 제공하는 기업이라든지, 내가 종사하는 산업에서 잘나가는 기업 중에서 말이죠. 핵심은 내가 조금만 관심을 가져도 쉽게 볼 수 있는 기업이라는 것입니다.

"당신이 약간의 신경만 쓰면 직장이나 동네 상가 등에서 월스트리트 전문가들보다 훨씬 앞서 굉장한 종목들을 골라 가질 수 있다."

투자 전설 중 한 명인 피터 린치의 말입니다. 배당금의 원천이 기업의 수익이고, 그 기업이 돈을 잘 버는지 못 버는지 판단하는 가장 직관적인 방법은 바로 '직접 보는 것'입니다. 이런 식으로 투자하고 싶은 기업들을 1차로 쭉 정리해 보세요.

2단계: 배당 기본 정보 확인 - "배당 얼마나 주지?"

시킹알파에서 해당 기업을 검색하면, 배당 관련 핵심 정보가 나옵니다. 초보자라면 다음 3가지를 꼭 확인하세요. 참고로 미국 주식을 기준으로 했을 때 배당수익률은 1~2%, 배당성향은 30~60% 사이가 일반적입니다. 배당성향이 너무 높으면 배당이 과하거나 성장 여력이 부족할 수 있으니 주의하세요.

- Dividend Yield(배당수익률): 지금 사면 1년에 몇 % 수익?
- Dividend Frequency(배당주기): 배당을 1년에 몇 번 주는가? (월/분기/반기 등)
- Dividend Payout Ratio(배당성향): 이익 중 몇 %를 배당금으로 주는가?

3단계: 배당 지속성 확인 - "꾸준히 배당하나?"

배당금이 얼마인가 만큼이나 중요한 게 얼마나 오랫동안 꾸준히 지급하고, 점진적으로 인상했는가입니다. 배당귀족(Dividend Aristocrats), 배당킹(Dividend Kings)으로 불리는 기업은 오랜 기간 배당을 꾸준히 인상한 회사들입니다. 시킹알파의 'Dividend History'와 'Dividend Growth' 탭에서 확인할 수 있습니다. 기업이 배당금을 줄이거나 지급을 중단하는 것을 말하는 배당컷

(Dividend Cut)은 기업의 실적 악화나 현금흐름 위기를 암시할 수 있으므로 꼭 확인해야 합니다.

- 배당금 증감 내역(Dividend Growth): 최근 몇 년간 배당을 유지 또는 인상했는가?
- 연속 배당 인상 연수(Dividend Growth): 5년 이상이면 신뢰, 10년 이상이면 우량
- 배당컷 이력(Dividend History): 과거에 배당을 줄였거나 중단한 적이 있는가?

4단계: 재무 건전성 확인 - "앞으로도 이만큼 줄 수 있을까?"

과거에 배당을 잘 줬다고 해서 미래도 그렇다는 보장은 없습니다. 그래서 기업의 재무 상태가 건강한지 확인해야 합니다. 시킹알파의 Financials 탭에서 3가지를 확인합니다. 기업의 재무 흐름은 단기보다 5~10년 단위로 길게 보는 것이 판단에 도움이 됩니다.

- EPS(주당순이익): 순이익이 꾸준히 늘고 있나?
- Free Cash Flow(자유 현금흐름): 실제로 현금이 잘 들어오나?
- Debt-to-Equity(부채비율): 빚이 많진 않나?

5단계: 마지막 점검 - "지금이 살 타이밍인가? 적당한 가격인가?"

아무리 좋은 기업이라도 너무 비싸게 사면 수익률이 줄고, 리스크는 커집니다. 시킹알파에서 현재 밸류에이션을 판단할 수 있습니다. 배당뿐 아니라 현재 주가, 미래 성장성을 함께 고려해야 균형 잡힌 배당투자를 할 수 있습니다.

- Valuation 등급(평가 등급): 저평가/적정/고평가 여부
- PER, Forward PER: 동종업계 평균과 비교
- Analyst Ratings: 시장 전문가들의 종합 의견

이 외 현재 배당률이 과거 배당률 평균보다 높은지 여부로 적정 가격인지를 판단할 수도 있습니다. 지금도 돈을 잘 벌고, 재무상태도 훌륭하고, 배당성향도 여력 있고, 매출/이익 성장률도 좋은 기업인데, 과거보다 현재 배당률이 높은 상태라면 좋은 매수 기회가 될 때가 많아요. 여전히 돈 잘 벌고 배당금 잘 주는 기업인데, 주가가 떨어져서 배당률이 올라간 상태일 수 있기 때문이죠. 참고로 과거 평균 배당률은 시킹알파의 'Dividends - Dividend Yield' 탭에서 확인할 수 있습니다.

Summary　Ratings　Financials　Earnings　Dividends　Valuation　Growth　Profitability　Momentum
Dividend Scorecard　Dividend Yield　Dividend Growth　Dividend Safety　Dividend History　Dividend Estimates
Dividend Yield
1M　6M　1Y　5Y　10Y　+ Add Comparison
KO
Yield (TTM)
2.59%
-19.86%
3.75%
3.50%
3.25%
3.00%
2.75%
2.50%
2022
2023
2024
2025
2026

(출처: 시킹알파)

수익 나는 ETF는 이렇게 고른다
나만의 ETF 선택 기준

앞에서 좋은 배당주를 고르기 위한 5단계 분석법을 함께 살펴봤습니다. 직접 개별종목을 고르고 분석해 보는 과정은 어렵지만, 그만큼 배당투자 원리를 제대로 이해할 수 있는 좋은 훈련이 됩니다.

하지만 이런 실전 분석을 계속해서 모든 종목에 적용하기는 현실적으로 쉽지 않습니다. 직장이나 사업, 육아, 집안일 등 바쁘게 일상을 살아가는 우리에게는 분산투자, 세금 관리, 시간 절약이라는 측면도 무시할 수 없는 요소니까요. 그래서 이번에는 앞서 배운 개별종목 분석 감각을 바탕으로 내 상황에 맞는 ETF를 고르는 방법을 정리해 보겠습니다.

ETF는 수십 개, 많게는 수백 개 주식이 하나로 묶여 있는 상품입니다. 덕분에 직접 분석하지 않아도 다양한 기업에 분산투자할 수 있고, 안정적인 배당을 주는 ETF도 점점 늘어나고 있죠.

수백 개의 ETF 중 어떤 것이 나한테 잘 맞을까요? 지금부터 배당률, 세금, 구성 종목, 전략 등 다양한 기준을 바탕으로 '나만의 ETF 선택 기준'을 세우는 법을 차근히 살펴보겠습니다. '남들이 좋다고 하는 것'을 따라가는 게 아니라, 내 상황에 맞는 기준을 세워 보세요.

첫째, 필요한 '배당률'을 먼저 계산하자

ETF를 고르기 전에 가장 먼저 할 일은 나한테 필요한 월 생활비를 계산하고, 이를 충족하기 위한 목표 배당률을 정하는 일입니다. 예를 들어, 은퇴 후 매달 250만 원의 생활비가 필요하고, 투자할 수 있는 금융자산이 5억 원이라고 가정해 봅시다.

이 경우 세금과 건보료를 감안해서 세전으로 연간 3,896만 원을 배당금으로 받아야 월 250만 원씩 생활비로 쓸 수 있습니다. 일반 계좌 기준으로는 배당률 8% 전후의 ETF가 필요하다는 계산이 나옵니다(3,896만 원 ÷ 5억 = 7.8%). 이렇게 ETF 선택은 배당률을 먼저 정한 후 그에 맞춰 후보를 좁혀 나가는 방식이 되어야 합니다.

둘째, 배당지급 일정과 안정성을 확인하자

배당을 기반으로 생활비를 충당하려면 배당지급 주기도 매우 중요합니다. 월 단위로 현금흐름이 들어오는 월배당 ETF는 생활비를 예측해 지출 계획을 세우기가 편하므로, 은퇴 후 현금흐름 중심 전략을 계획 중이라면 꼭 확인해야 할 요소입니다.

또 배당 안정성도 빠질 수 없습니다. 과거에 배당금을 삭감하거나 중단했던 배당컷 이력이 있는 ETF나 개별종목은 되도록 피하는 것이 좋습니다. 꾸준히 배당금을 지급해 왔는지, 배당성장이 지속됐는지도 함께 확인하세요.

셋째, 운용규모와 수수료를 살펴보자

ETF는 기본적으로 운용규모가 클수록 안정적입니다. 일반적으로 운용자산(AUM)이 1억 달러 이상이면 안정적인 ETF로 평가되는 경우가 많습니다. 또 운용보수도 확인하세요. 장기투자일수록 수수료가 복리로 영향을 주기 때문에, 가급적 보수가 0.5% 이하인 ETF를 우선으로 살펴보는 것이 좋습니다.

넷째, ETF 구성 자산이 내 목적과 맞는지 따져보자

ETF마다 포트폴리오 구성은 천차만별입니다. 일반 고배당주 중심인 ETF도 있고, 커버드콜 전략이 들어간 ETF, 미국 우량주 중심의 ETF, 심지어 금·채권 등을 함께 담은 자산배분형 ETF도 있습니다.

예를 들어, 투자금이 조금 부족하다면 커버드콜 전략이 포함된 QYLD, JEPQ 같은 ETF를 고려할 수 있죠. 금리 하락기 방어력을 갖춘 장기 미국채 ETF(TLT)나, 실물 자산인 금을 담은 ETF(IAU, GLDM 등)를 배당 ETF와 함께 조합하는 것도 방법입니다. 단, 금 ETF는 배당금을 지급하지 않으니 참고하세요. 내가 원하는 투자 스타일과 현금 흐름 특성에 맞는 구성인지 꼭 확인해야 합니다.

다섯째, 세금 구조와 절세계좌 적합성을 체크하자

ETF는 세금 문제도 함께 고려해야 합니다. 특히 미국 ETF를 일반계좌에서 투자하면 배당금의 15%를 미국에서 원천징수합니다. 거기에 세전으로 배당금이 1년에 2천만 원을 넘으면 다른 소득과 합산해서 세금을 다시 계산하고, 지역/직장가입자에 따라 건강보험료까지 부담될 수 있습니다.

그래서 은퇴를 목적으로 최소 5년 이상 투자할 계획이라면 연금저축이나 IRP, ISA 등 절세계좌를 적극 활용하는 것이 유리합니다. 이 계좌에서 받는 배당금에는 건보료가 전혀 붙지 않고, 세금도 저율과세하기 때문이죠.

단, 절세계좌는 1년 납입한도가 연금계좌(연금저축펀드, 개인형

IRP) 1,800만 원, ISA 2,000만 원으로 정해져 있습니다. 목돈을 갖고 배당투자를 시작하려는 사람이라면 미리 절세계좌를 준비하는 전략이 필요합니다.

다음은 제가 ETF를 고를 때 실제로 사용하는 간단한 체크리스트입니다. 여러분도 참고해서, 자신만의 기준으로 조정하면 도움이 될 것입니다. ETF는 개별종목보다 안전하지만, 그 안에 어떤 종목이 얼마나 담겨 있는지, 어떤 전략으로 수익을 내는지에 따라 전혀 다른 결과가 나올 수 있습니다.

남들이 '이 ETF 좋다더라'라는 말에 휩쓸리기보다 앞에서 말한 기준을 바탕으로 나에게 맞는 ETF를 스스로 고를 수 있는 투자자가 되길 바랍니다.

나만의 ETF 체크리스트 만들기

☐ 나한테 필요한 배당률(세후 기준)을 충족하는가?
☐ 배당지급 주기가 월/분기 등 일정한가?
☐ 과거 배당컷(삭감) 이력이 없는가?
☐ 운용자산 규모가 충분한가? (AUM 1억 달러 이상)
☐ 총보수가 적정한가? (0.5% 이하)
☐ 절세계좌에서 투자 가능한가? (ISA, 연금저축 등)
☐ ETF 구성 자산이 내 투자 목적과 부합하는가?
☐ 환 헤지 여부는 어떻게 설정되어 있는가?

배당 ETF에는
어떤 것들이 있나?

배당 ETF의 종류

지금부터는 앞에서 살펴본 것들을 뒷받침할 구체적인 내용을 살펴봅니다. 여러 번 강조하지만, 저는 기본적으로 배당률이 10%를 넘는 초고배당 종목은 추천하지 않습니다. 하락장에서도 배당금이 줄지 않고 꾸준히 나오는지 아직 검증되지 않았기 때문이죠. 책에서도 배당률이 3% 내외인 지수추종형이나 배당성장형을 주로 다루고요.

하지만 배당투자를 처음 시작하는 사람이라면 배당주에 어떤 것들이 있는지 알고는 있어야 할 것 같아서 사람들이 많이 투자하는 배당주들을 소개하겠습니다. 배당을 만드는 전략과 투자 대상(부동산, 채권)에 따라 크게 5가지로 분류할 수 있습니다.

일반적인 배당 ETF

S&P 500, 나스닥 등 배당금과 관련된 특정 지수를 추종하는 배당 ETF입니다. 예를 들면 배당률 상위 100개 기업을 자동으로 골라 편입하는 거죠. 대형 우량주 중심이라 안정성이 높고, 배당률이 꾸준합니다. 단, 이미 대형인 회사들이라 기업 성장성은 낮을 수 있습니다. 배당을 꾸준히 받고 싶은 장기투자자나 처음 시작하는 배당 ETF 투자자에게 적합합니다.

VYM, SCHD, HDV 등이 대표적입니다.

배당성장형 ETF

배당을 매년 꾸준히 늘려온 회사들만 모은 ETF입니다. 성장성과 배당 지속성에 초점이 있어요. 지금은 배당금이 좀 적다고 느낄 수 있지만, 장기적으로 배당이 늘어나서 복리 효과를 노릴 수 있습니다. 안정적이고 질 좋은 회사가 많습니다. 단, 당장의 배당금이 적어서 원하는 만큼의 소득을 바로 만들기에는 부족한 편입니다. 대신 꾸준히 성장하는 좋은 기업들이 ETF에 들어있는 만큼 배당금뿐만 아니라 주가도 함께 성장하는 경향이 큽니다. 배당뿐만 아니라 자산규모 자체도 키워갈 수 있으니 특히 20, 30대처럼 앞으로 오래 투자할 수 있는 장기투자자에게 적합합니다.

VIG, DGRO, NOBL 등이 대표적입니다.

커버드콜 ETF - 고배당, 고위험, 옵션 구조 이해 필수

대형 우량주, 나스닥 100, S&P 500, 러셀 2000 등을 추종하는 주식에 콜옵션을 붙이는 전략으로 월급처럼 매달 배당금이 나오는 ETF가 대부분입니다. 6~14%까지 초고배당 종목도 있어 당장의 배당금이 크니 무조건 정답처럼 보이지만, 연도별 배당금 차이가 크고 주가 하락을 동반하는 경우가 많았던 만큼 주의가 필요합니다.

JEPI, QYLD, XYLD, RYLD 등이 대표적입니다.

리츠(REITs) ETF - 분산투자, 금리와 리츠 구조 이해 필수

부동산 회사(리츠)에서 나오는 배당금을 ETF 투자자에게 나눠줍니다. 미국 세법상 수익의 90% 이상을 배당으로 지급해야 법인세가 면제되는 특수한 구조라 기본적으로 배당률이 높은 편입니다. 높은 배당률이란 게 장점이고, 주식이 아니라 부동산에 투자한다는 나름의 분산 효과도 노릴 수 있죠.

단, 부동산인 만큼 금리에 매우 민감해서 금리가 오르면 주가가 하락할 수 있습니다. 리츠도 결국 주식이기 때문에 주식시장 분위기에 따라 리츠 ETF도 주가 하락이 자주 발생하고, 애초에 수익의 90%를 배당하는 리츠 특성상 일반 기업 주식에 비해 배당삭감 같은 변동성도 큰 편입니다.

VNQ, REET, SCHH 등이 대표적입니다. REM 같은 모기지 리

츠는 10% 정도의 초고배당 ETF지만, 그만큼 주가와 배당금 위험
성도 높으니 특히 더 주의해야 합니다.

채권 ETF - 분산투자, 금리 민감

채권에 투자해 받은 이자수익을 배당 형태로 줍니다. 많은 채권
ETF가 월배당 구조를 가지고 있습니다. 과거 데이터상 금리나 주
식과 반대로 움직이는 경향이 있어, 주식에만 투자하기 부담스러
운 투자자가 자산배분 관점에서 함께 모아가는 경우가 많습니다.

AGG, SGOV, BND, TLT 등이 대표적입니다.

배당투자 분석 툴

시킹알파

- 뭐 하는 곳인가?
- 배당 잘 주나, 몇 %지?
- 최근 몇 년간 착실하게 배당하고, 배당금도 꾸준히 증가했나?
- 전문가 의견은 어떤가?
- 연간 구독료 Premium $299, Pro $2,400, 기본 정보는 무료

미국 주식 배당 관련 정보를 제공하는 사이트는 많지만, 그중 시킹알파(Seekingalpha)를 추천합니다. 기업 실적부터 관련 기사, 배당금 정보를 한눈에 확인할 수 있어요. 유료 기능도 있는데 무료 기능만 활용해도 충분하니 돈 걱정은 안 해도 됩니다. 참고로 시킹알파는 스마트폰보다 PC로 보는 게 좋습니다. 스마트폰은 화면이 작

아서 많은 정보를 보기 힘들거든요. 시킹알파 사이트를 이용해 배당 관련 주식을 보는 방법과 뭘 보면 되는지 연습해 봅시다.

코카콜라(KO)

앞에서 배당킹은 배당금을 50년 이상 꾸준히 주면서, 심지어 매년 증액하는 주식이라고 설명했습니다. 이 배당킹 중 하나인 코카콜라(KO) 주식을 검색해 볼까요? 검색창에 영어로 'coca-cola' 라고 입력하거나 종목코드(티커)인 'KO'로 검색합니다. 정말 다양한 정보가 나타나는데, 지금은 배당금에 초점을 맞추고 있으니 'Dividends'를 클릭합니다.

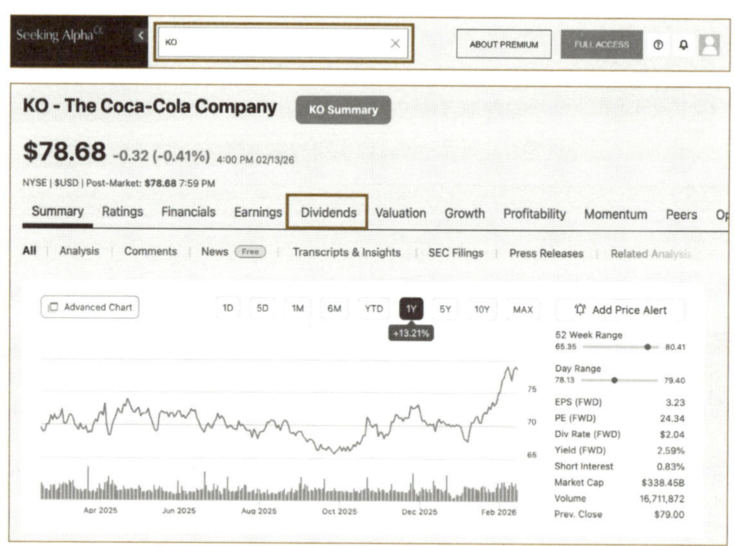

코카콜라의 배당수익률, 연간 배당금, 배당성향, 5년 평균 배당 증가율, 배당 증가 연속 연수를 한눈에 확인할 수 있습니다. 코카콜라는 배당킹답게 무려 63년 연속 배당금을 늘려주고 있고, 연간 배당증가율이 4.8% 정도라는 사실을 쉽게 확인할 수 있죠.

일정: 배당선언일 ▶ 배당락일 = 배당기준일 ▶ 배당지급일 순

Declaration Date	배당선언일	배당금과 배당일정 공식 발표일
Ex-Dividend Date	배당락일	이 날짜 전에 주식을 사야 배당받을 수 있어. 배당락일 당일에 사면 배당 못 받아!
Record Date	배당기준일	배당받을 주주명단을 확정하는 날
Payment Date	배당지급일	배당금이 입금되는 날

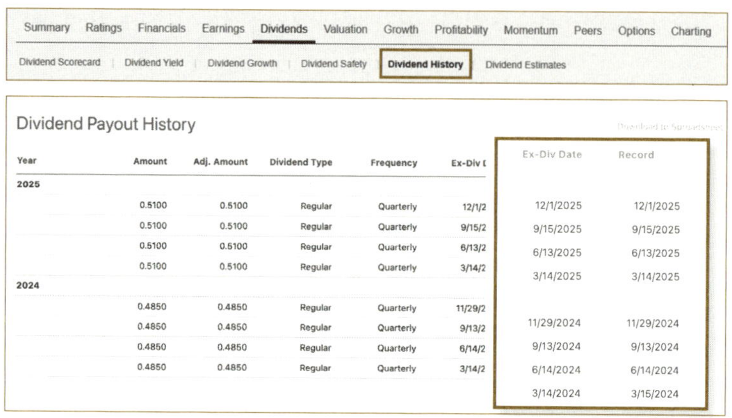

Year	Amount	Adj. Amount	Dividend Type	Frequency	Ex-Div [	Ex-Div Date	Record
2025							
	0.5100	0.5100	Regular	Quarterly	12/1/2	12/1/2025	12/1/2025
	0.5100	0.5100	Regular	Quarterly	9/15/2	9/15/2025	9/15/2025
	0.5100	0.5100	Regular	Quarterly	6/13/2	6/13/2025	6/13/2025
	0.5100	0.5100	Regular	Quarterly	3/14/2	3/14/2025	3/14/2025
2024							
	0.4850	0.4850	Regular	Quarterly	11/29/2	11/29/2024	11/29/2024
	0.4850	0.4850	Regular	Quarterly	9/13/2	9/13/2024	9/13/2024
	0.4850	0.4850	Regular	Quarterly	6/14/2	6/14/2024	6/14/2024
	0.4850	0.4850	Regular	Quarterly	3/14/2	3/14/2024	3/15/2024

바로 아래 배당금 지급 일정이 나와 있습니다. 전부 앞에서 배운 것들인데, 모르는 단어가 하나 있죠? Declare Date는 배당선언일, 즉 이번에 지급될 배당금이 얼마나 될지, 배당기준일은 언제인지를 기업에서 공식적으로 발표하는 날을 말합니다. 한국과 달리 미국은 워낙 배당 제도가 잘 되어 있기 때문에 배당기준일 전에 이번에 배당금이 얼마나 나올지 미리 알려줘요. 그래서 투자자는 배당금을 받을지, 아니면 주식을 팔고 떠날지 결정할 수 있습니다.

반면 한국은 배당기준일이 지나고 나서야 배당금이 얼만지 뒤늦게 공시됩니다. 한국도 배당투자가 보편화되면서 조금씩 개선되고 있지만, 이런 디테일 차이 때문에 미국 주식에 더 손이 가는 것 같습니다.

이전 배당 기록까지 전부 보고 싶다면 'Dividend History'를 클릭하세요. 그럼 옆 그림처럼 연도별, 분기별로 1주당 배당금과 배당기준일, 배당락일, 배당지급일 등 모든 정보가 나타납니다. 이걸 보면서 '코카콜라 주식의 배당기준일은 3, 6, 9, 11월이고, 실제로 배당금이 나오는 달은 4, 7, 10, 12월이구나'라고 알 수 있습니다.

스타벅스(SBUX)

스타벅스로 한 번 더 연습합시다. 시킹알파에 들어가 영어로 'Starbucks'나 티커인 'SBUX'를 입력해 검색합니다.

스타벅스 배당기준일은 2, 5, 8, 11월 중순이고, 실제 지급일은 2, 5, 8, 11월 말이네요. 코카콜라 주식은 배당기준일과 지급일이 한 달 정도 차이 나지만 스타벅스는 그렇지 않아요. 미국 주식은 이렇게 배당일정이 주식마다 다르니 투자 전에 미리 확인하세요. 참고로 애플(AAPL) 주식은 배당기준일과 지급일이 1주일 사이입니다.

제가 '월급처럼'을 반복하니까 오해할까 봐 정확히 하자면, 배당금을 무조건 매월 1번 이상 들어오게 세팅할 필요는 전혀 없습니다. 하지만 나중에 직접 경험해 보면 알 거예요. 월급처럼 매월 정해진 날짜에 배당금이 꼬박꼬박 들어오면 기분이 정말 좋습니다. 직접 일해서 번 게 아닌데, 내 계좌에 매월 돈이 쌓이는 경험은 해 본 사람만 압니다. 그리고 월급처럼 배당금이 규칙적으로 들어오면 소비계획을 짜는 데도 훨씬 편합니다.

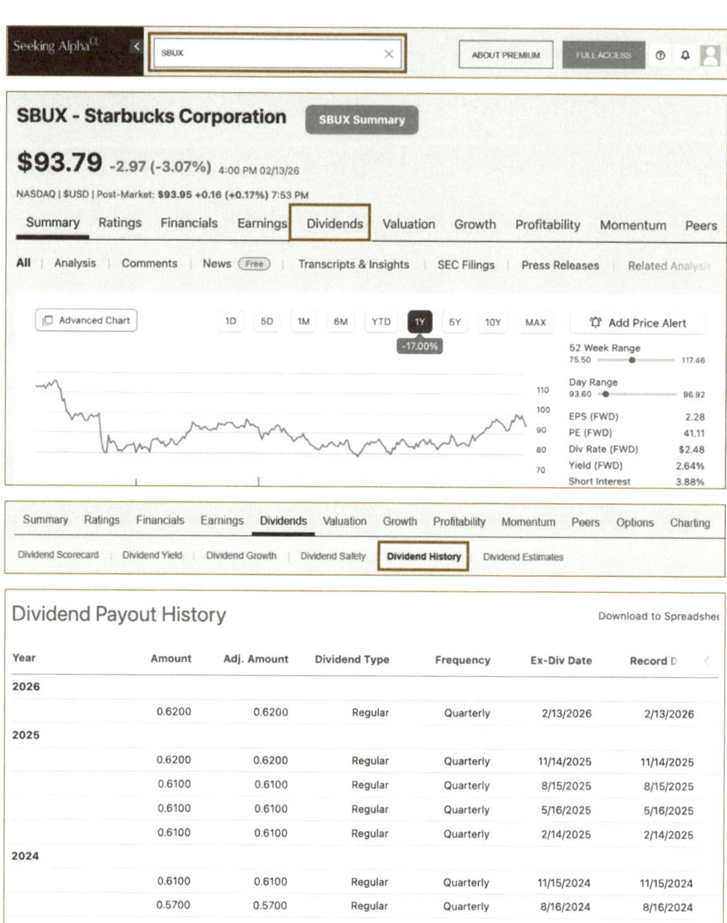

Dividend Payout History

Download to Spreadsheet

Year	Amount	Adj. Amount	Dividend Type	Frequency	Ex-Div Date	Record D
2026						
	0.6200	0.6200	Regular	Quarterly	2/13/2026	2/13/2026
2025						
	0.6200	0.6200	Regular	Quarterly	11/14/2025	11/14/2025
	0.6100	0.6100	Regular	Quarterly	8/15/2025	8/15/2025
	0.6100	0.6100	Regular	Quarterly	5/16/2025	5/16/2025
	0.6100	0.6100	Regular	Quarterly	2/14/2025	2/14/2025
2024						
	0.6100	0.6100	Regular	Quarterly	11/15/2024	11/15/2024
	0.5700	0.5700	Regular	Quarterly	8/16/2024	8/16/2024
	0.5700	0.5700	Regular	Quarterly	5/16/2024	5/17/2024
	0.5700	0.5700	Regular	Quarterly	2/8/2024	2/9/2024

배당투자 분석 툴

etf.com

- ETF를 전략별로 보고 싶다
- 구성 종목은 우량주 위주인가?
- 섹터 분산은 잘 되어 있나? 한두 업종에 몰빵 하는 거 아냐?
- 수수료와 운용 방식은 어떤가?
- 고민 중인 다른 ETF랑 비교해 볼까?
- Content+ 월 구독료 $6, ALL Access 월 구독료 $15, 모바일에선 무료

시킹알파에서 기본적인 정보를 봤다면, 각 ETF의 내실을 자세히 들여다보며 파악할 때 좋은 사이트가 etf.com입니다. 배당률이 높아 보여도 그 안에 어떤 종목이 들어있는지, 보유 종목들이 얼마나 잘 분산되어 있는지를 모르고 투자하는 건 외관만 보고 집을 사

는 것과 같습니다. 투기성이 높거나 금리에 지나치게 반응하는 종목들은 당장의 배당률이 높아도 오래 유지할 수 없으니까요.

수수료가 1% 미만이어야 부담 없이 장기 보유할 수 있으니 수수료도 확인하세요. 자산규모나 거래량을 보면 안정성과 신뢰도를 파악할 수 있습니다.

또 미국 시장에 어떤 ETF들이 있는지, 현재 사람들이 가장 많이 사는 배당 종목은 뭔지 등도 찾아 보여줍니다. 조건별로 잘 정리되어 있기 때문에 투자할 ETF를 찾는 데 이만한 사이트가 없죠.

특히 etf.com에는 비교 기능이 있어서 비슷한 다른 배당 ETF와 비교할 때 유용합니다. '한쪽은 수익률이 높은데 수수료도 높고, 한쪽은 배당성장률은 낮지만 안정적이다'처럼 미묘한 차이를 바로 파악할 수 있어요. 단, 비교 기능은 유료입니다. 시킹알파와 달리 전문가나 투자자 의견 등은 볼 수 없습니다.

원하는 전략별로 보기

etf.com 사이트에 들어가 'Tools - ETF Screener' 메뉴를 순서대로 클릭합니다. 기본적으로 시가총액 순으로 미국 시장에 상장된 ETF들이 쭉 나타납니다. 2026년 3월 기준 5,088개의 ETF가 있다고 나타납니다. 여기서 내가 원하는 ETF를 찾아보는 겁니다.

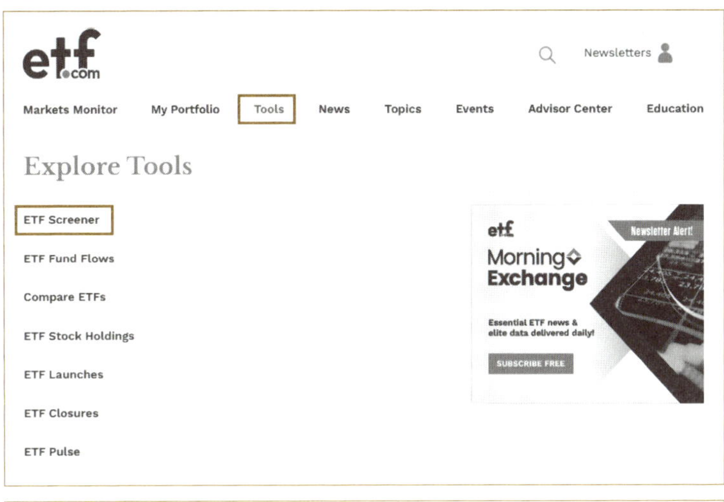

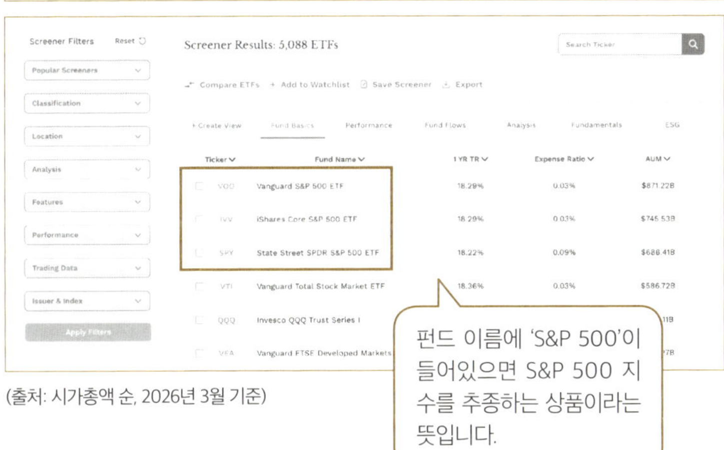

(출처: 시가총액 순, 2026년 3월 기준)

규모 순으로 보면 1등, 2등, 3등 모두 S&P 500 지수를 추종하는 ETF란 게 보이죠? 종목코드는 VOO, IVV, SPY입니다. 이런 ETF를 사면 미국 대표기업 500개를 한방에 투자할 수 있습니다. S&P 500 ETF는 500개 미국 대표기업을 담고 있는 주식이니까요.

다만 S&P 500 ETF는 배당 ETF라고 하기엔 배당률이 매우 낮습니다. 제가 모았던 VOO의 경우 1년 배당률이 약 1.4%밖에 안 됐죠. 100만 원 투자하면 세전 1년 배당금이 14,000원이라는 뜻이죠. 대신 ETF 주가상승이 배당금보다 훨씬 컸습니다.

S&P 500은 어벤져스 급인 미국 500개 기업을 모아간다는 기준 아래, 중간중간 기업 가치가 떨어진 기업들은 빼버리고, 새로 뜨는 기업을 그 자리에 채워줍니다. 기본적으로 시간이 지날수록 기업 가치가 커질 수밖에 없죠. 이것은 그대로 자연스럽게 주가상승으로 이어집니다.

현재 담고 있는 주식 종목 확인하기 - DGRO

이거 정말 쉽습니다. 앞에서 SCHD에 들어있는 개별주식 선정 방법을 이야기했었죠? 그런 식으로 설명해 놓은 자료를 온라인에서 찾아볼 수 있어요. ETF를 운용하는 자산운용사마다 조금씩 다를 수 있지만 기본적으로 자료를 찾는 과정은 비슷합니다. 여기서는 안정적인 투자자들이 선호하는 DGRO를 기준으로 설명해 보겠습니다.

DGRO의 경우 배당금이 기업 순이익의 75% 이내이면서, 5년 연속 배당금을 늘려온 기업들을 선정해 ETF를 구성합니다. 순이익 대비 배당금 비율인 배당성향이 너무 높으면 배당금을 더 늘릴 돈이 부족한 경우가 많으니 '순이익의 75% 이내 배당'이라는 기준을 세운 것이죠.

사실 DGRO가 추종하는 지수인 Morningstar US Dividend Growth Index는 이보다 조금 더 복잡한 방식으로 종목을 선정합니다. 자세히 알고 싶다면 지수 이름을 그대로 복사해서 구글에서 검색하면 되는데요. 해당 지수 자체 사이트가 나와 조금 더 자세한 설명을 확인할 수 있습니다. 검색해 보니 부동산 리츠 주식과 시가배당률 상위 10% 종목은 제외한다는 내용이 들어있네요.

etf.com에서 설명해 주는 대표 규칙만으로도 대략적인 ETF 특징을 확인할 수 있습니다. 그래서 처음에는 etf.com에서 가벼운 마음으로 살펴보다가 관심이 가거나 내 투자 목적에 부합하는 ETF라는 생각이 들면 추종지수만 따로 구글에서 검색하는 겁니다.

그때부터 자세한 ETF 운용 규칙과 장단점을 살펴보는 것이죠. 학교에서 중간고사, 기말고사를 준비하기 위해 교과서와 참고서를 열심히 공부했듯이 ETF 투자 전에도 투자설명서를 꼼꼼히 읽어보는 것은 필수입니다. 투자할 ETF 특성을 잘 알고 있어야 나중에 억 단위로 투자해도 흔들리지 않을 수 있으니까요.

etf.com에 들어가 'DGRO'를 검색합니다. 주요 정보를 확인할 수 있는데요. 쭉 아래로 내려가 'Analysis & Insights'에서 ETF 종목선정 특징을 볼 수 있습니다. 영어가 어렵다면 구글 번역 기능으로 한글로 바꿔 보면 됩니다. 번역이 다소 어설프긴 하지만 딱히 어려운 내용은 없어서 대충은 이해할 수 있습니다.

어떤 주식들이 들어있는지 보유 종목을 보려면 화면 왼쪽에서 'Holdings'라는 탭을 클릭합니다. DGRO 같은 경우 비중 1등은 액손모빌, 2등 존슨앤존슨, 3등 애플이라는 것을 확인할 수 있습니다. 오른쪽에서 섹터별, 나라별 비중도 쉽게 파악할 수 있습니다.

<table>
<tr><td>

◎ Overview

∿ Performance

⊙ Fund Flows

✋ **Holdings**

🤝 Tradability

↗ Efficiency & Fit

🌱 ESG

◫ Advance Charting

☰ News

</td><td>

DGRO Holdings

TOP 10 WEIGHT

ALL OTHER

NUMBER OF HOLDINGS

Symbol	Holding
XOM	Exxon Mobil Corporation
JNJ	Johnson & Johnson
AAPL	Apple Inc.
JPM	JPMorgan Chase & Co.
PM	Philip Morris International Inc.
ABBV	AbbVie, Inc.
PG	Procter & Gamble Company
MSFT	Microsoft Corporation
HD	Home Depot, Inc.
MRK	Merck & Co., Inc.
AVGO	Broadcom Inc.

</td></tr>
</table>

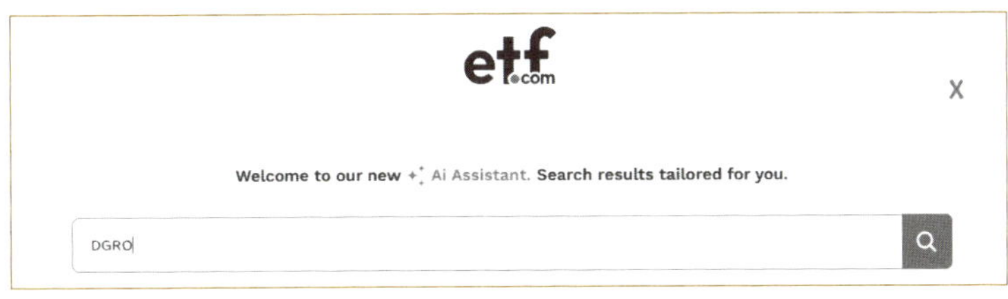

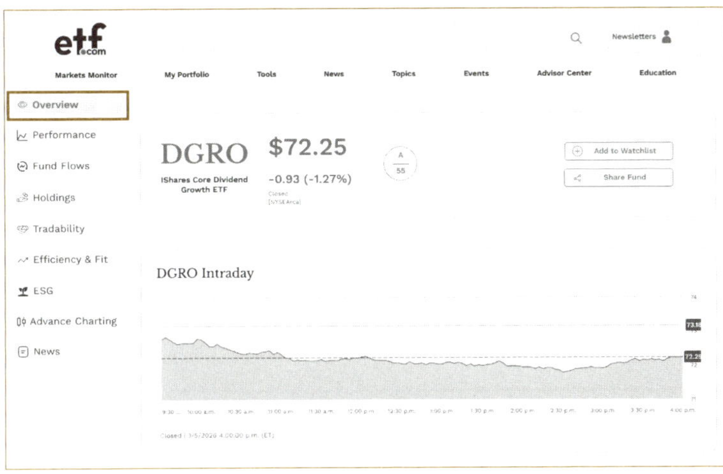

DGRO Summary Data

Issuer	BlackRock, Inc.
Inception Date	06/10/14
Expense Ratio	0.08%
AUM	$27.84B
Index Tracked	Morningstar US Dividend Growth Index
Segment	MSCI USA IMI
Structure	Open-Ended Fund

DGRO Analysis & Insights

DGRO tracks an index of US stocks that are selected by dividends, dividend growth and payout ratio, then weighted by dividend dollars.

DGRO offers a straightforward execution of a dividend growth strategy. The fund aims to find stocks that pay steadily increasing dividends by requiring a 5-year track record of increasing dividends while ensuring that the firms pay out no more than 75% of earnings. Both factors in tandem aim for sustainable growth. While mild sector bets abound, overall the fund looks pretty marketlike. The US total market space is an active battleground for a crowded space, and DGRO is placed competitively within the segment.

배당투자 분석 툴

financecharts.com

- 배당이 실제로 꾸준히 늘었나?
- 배당률이 주가와 어떻게 맞물렸나?
- 지금이 투자 적기인가?
- 무료

financecharts.com도 미국 주식시장에 상장된 개별종목과 ETF를 여러 조건별로 쭉 나열해서 살펴보기 좋은 사이트입니다. 미국 주식 투자자라면 시킹알파, etf.com과 함께 자주 이용하길 권합니다.

회원가입 없이도 20년 이상의 금융 지표 차트, 주식 및 ETF 비교 등 다양한 기능을 무료로 이용할 수 있습니다. 이 사이트는 투자 리서치는 무료여야 한다는 철학을 바탕으로 운영되고 있다고 히네요. 특히 배당 흐름과 수익률을 그래프로 볼 수 있다는 게 장점입니다. 우리는 배당이 목적이니까 배당귀족 ETF인 NOBL처럼 배당에 특화된 ETF를 찾아보겠습니다.

'ETF Screeners' 메뉴에 배당 관련 정보들이 들어있습니다. 미국 사이트에서 배당 관련 정보가 궁금할 때는 무조건 'Dividend' 즉 배당금이라는 단어를 찾으라고 했습니다. 이 중 'Dividend ETFs'를 클릭하면 운용규모 순으로 쭉 나타납니다. 참고로 사이트마다 배당 ETF를 보는 기준이 조금씩 다르니 주의하세요. financecharts.com에서 배당 ETF라고 나와도 다른 데서는 아닐 수도 있습니다.

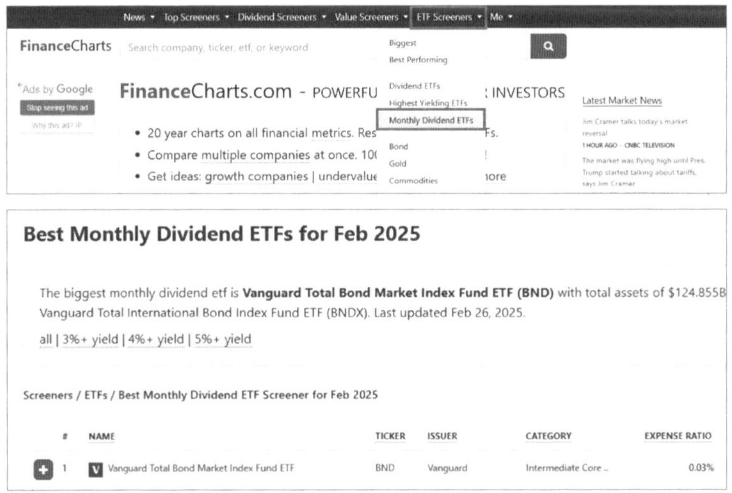

Best Monthly Dividend ETFs for Feb 2025

The biggest monthly dividend etf is **Vanguard Total Bond Market Index Fund ETF (BND)** with total assets of $124.855B Vanguard Total International Bond Index Fund ETF (BNDX). Last updated Feb 26, 2025.

all | 3%+ yield | 4%+ yield | 5%+ yield

Screeners / ETFs / Best Monthly Dividend ETF Screener for Feb 2025

#	NAME	TICKER	ISSUER	CATEGORY	EXPENSE RATIO
1	Vanguard Total Bond Market Index Fund ETF	BND	Vanguard	Intermediate Core ..	0.03%

배당 ETF로 월 400만 원 현금흐름 만들기

5장

·

나한테
필요한 돈은
대체 얼마인가?

한 달 생활비는
얼마나 있어야 할까?
생활비 계산 방법

배당 개별종목이나 배당 ETF를 사면 정해진 날짜에 배당금이 내 계좌로 들어옵니다. 나와 내 가족에게 필요한 한 달 생활비보다 배당금이 더 많이 들어온다면? 이때가 바로 많은 사람들이 그토록 원하는 '경제적 자유'를 달성하는 순간일 겁니다. 그렇다면 배당주를 얼마나 사야 경제적 자유를 달성할 수 있을까요? 유튜브와 블로그를 운영하면서 가장 많이 받은 질문이 2개 있습니다.

"어떤 주식을 사야 해요?"

"회사 안 다녀도 될 만큼 배당금 받으려면 얼마나 투자하면 돼요?"

첫 번째 질문에 대한 답은 앞에서 다 했으니, 지금부터는 두 번

한국일보 PiCK · 18면 TOP · 2주 전 · 네이버뉴스

"월 324만 원 준비됐나요"... **은퇴 후 부부 생활비** 지금 계산해야[부자될 ...

2023년 통계청 가계금융복지조사에 따르면 **은퇴 후** 가구주와 배우자(2인 기준)의 월평균 **적정생활비**는 324만 원, **최소생활비**는 231만 원으로 나타났습니다.... **은퇴** 전 가입하고 있는 보험 상품의 보장 내역을 점검한 뒤 과한 부분은 줄이고 부족한 부분...

째 질문에 집중해 보겠습니다. 월급만큼 배당금을 받으려면 투자금이 얼마나 필요하냐는 질문에 답하려면, 우선 내가 받고 싶은 배당금이 얼마인지를 알아야 합니다.

사람마다 사는 곳과 생활방식, 가족 구성원 수 등이 전부 달라서 정답은 없습니다. 어떤 사람은 한 달에 150만 원이면 충분하고, 어떤 사람은 한 달에 300만 원도 부족할 수 있죠. 정답은 없지만 2023년 기준 통계청에서 발표한 자료에 따르면 은퇴 후 부부 월평균 적정 생활비는 324만 원, 최소 생활비는 231만 원이라고 합니다. 한 달 생활비 목표를 얼마로 할지 모르겠다면, 통계청 자료를 바탕으로 2인 기준 300만 원으로 잡고 계산해 보면 좋을 것 같습니다.

만약 저처럼 '나는 조금 더 구체적으로 계획을 짜고 싶다'라고 생각한다면 최소 1년 정도 가계부를 써보세요. 한 달에 배당금을 얼마 정도 받아야 월급 없이도 살 수 있는지 현실적인 금액을 알 수 있습니다. 최소 1년인 이유는 봄, 여름, 가을, 겨울 사계절이 있듯이 시기마다 발생하는 비용을 전부 합치기 위해서입니다.

1년 가계부 써보기

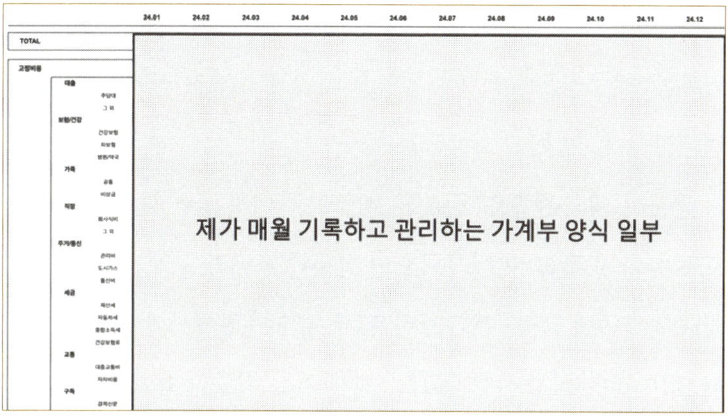

제가 매월 기록하고 관리하는 가계부 양식 일부

아파트 관리비나 도시가스 요금, 식비처럼 매월 나가는 생활비가 대부분이지만 시기마다 내야 하는 돈이 더 있더라고요. 세금이 대표적인데, 자동차를 가지고 있다면 1월에 자동차세가 나옵니다. 부동산을 가지고 있다면 7월과 9월에 재산세가 나옵니다. 12억 넘는 고가 부동산 소유주라면 12월에 종합부동산세도 나오겠죠.

세금뿐만 아니라 각자의 생활방식에 따라 발생하는 비용도 있을 겁니다. 해외여행을 좋아한다면 적어도 1년에 1번은 비용이 발생할 것이고, 스키나 보드가 취미라면 겨울에 관련 비용이 추가될 겁니다. 이런 식으로 이런저런 비용을 전부 더해 1년에 발생하는 비용이 최소 얼마인지를 확인하고, 이를 12개월로 나누면 필요한 한 달 생활비가 나옵니다.

저는 배당주 투자를 '나를 알아가는 과정'이라고 생각합니다. 숨만 쉬어도 나가는 돈이 얼마인지, 그리고 내가 어디에 돈을 쓸 때 행복한지를 파악해야 그에 걸맞은 배당금 목표를 설정할 수 있기 때문입니다.

앞에서 해외여행을 예로 들었는데, 개인적으로 해외여행을 별로 좋아하지 않습니다. 다녀오면 힐링이 아니라 오히려 더 피곤해집니다. 1년에 1번도 부담스럽죠. 조용한 카페에서 멍하니 있거나 책 읽는 것을 더 좋아합니다. 그래서 저는 생활비 목표를 짤 때 여행경비를 정말 조금만 잡습니다.

저와 달리 해외여행이 삶의 활력소인 사람도 있을 겁니다. 그렇다면 생활비에 여행경비를 꼭 넣어야죠. 남들이 하니까 나도 무조건 하는 게 아니라 '이 소비는 나에게 꼭 필요해. 이 소비는 나랑 맞지 않으니 필요없지'라고 구분할 수 있어야 합니다. 말 그대로 나를 알아가는 과정입니다.

여기서는 일단 필요한 생활비를 2인 기준 월 300만 원으로 가정해 보겠습니다. 한 달에 300만 원이니 1년이면 '300만 원 × 12개월'로 계산해서 3,600만 원입니다. 이제 이 돈을 만들기 위해 필요한 투자금이 얼마인지 알아봅시다.

투자금은 얼마나 있어야 할까?

배당소득세

앞에서 배당금으로 연 3,600만 원이 필요하다고 가정했습니다. 한 달에 300만 원을 배당받으려면 필요한 투자금은 총 얼마일까요? 계산 방법은 정말 간단합니다. 1년 생활비를 투자할 배당주나 ETF의 시가배당률로 나눠주면 됩니다.

필요한 투자금을 구하는 공식

1년 생활비 ÷ 투자할 종목의 시가배당률
예) 36,000,000 ÷ 5% = 720,000,000원

쉽게 이해하기 위해 월배당 대명사인 리얼티인컴에만 투자하고, 여기서 나오는 배당금으로 생활한다고 가정하겠습니다. 시가배당률은 내가 주식을 얼마에 샀느냐에 따라 다르지만, 리얼티인컴 배당률은 역사적으로 평균 5%니까 이것을 기준으로 합시다.

위 계산처럼 3,600만 원을 5%로 나누면 7억 2천만 원이 나오는데, 이 금액이 내가 1년에 3,600만 원을 배당금으로 받기 위해 필요한 최소한의 리얼티인컴 투자금인 겁니다. 누군가에게는 충분히 도전해 볼만한 금액일 테고, 누군가에게는 부담스러운 금액일 텐데요.

필요한 투자금이 부담된다면 배당률을 조금 높이면 됩니다. 배당률이 6%인 주식에 투자하면 필요한 돈은 6억 원입니다. 배당률이 딱 1%p 늘었는데, 필요한 투자금은 1억 2천만 원이나 줄어들어요. 만약 배당률이 8%인 주식에 투자하면 필요한 투자금은 4억 5천만 원까지 줄어듭니다.

2026년에도 매월 배당금을 지급하는 월배당이 대세입니다. 최대한 많은 배당금을 받고 싶다는 투자자 요구를 반영해 미국 주식시장에는 배당률이 10%나 되는 월배당 ETF도 많이 상장했습니다. 많은 배당투자자가 사랑하는 JEPI, JEPQ가 대표적인 월배당 + 고배당 ETF입니다. 참고로 국내 ETF 이름에 '커버드콜'이라는 단어가 들어간 상품들도 대표적인 고배당 ETF입니다.

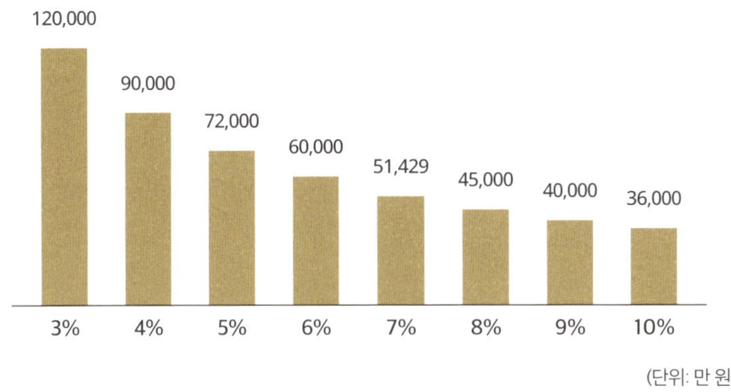

배당금을 받으면 배당소득세를 내야 해요

매달 300만 원을 배당금으로 받으려면 배당률이 6%인 주식에 6억 원을 투자하면 됩니다. 하지만 아쉽게도 6억 원을 투자해 배당금 300만 원을 받아도 다 생활비로 쓸 수 있는 것은 아닙니다. 금융소득인 배당금을 받으면 세금을 내야 하기 때문이죠.

국내에 상장된 주식이나 ETF에 투자해서 배당금을 받으면 15.4%의 세금이 부과됩니다. 미국상장 주식과 ETF 배당금 세금은 15%입니다. 회사에서 월급 받을 때 근로소득세나 4대 보험료를 떼고 남은 돈이 들어오는 것처럼, 원천징수한 후 나머지 금액만 우리 계좌에 들어옵니다. 결국 앞에서 계산했던 월 300만 원을 받으려면 필요한 투자금도 더 많아야 한다는 뜻입니다. 세금 15%를 빼고도 300만 원이어야 하니까요.

미국: 배당소득세 15%

한국: 배당소득세 14% + 지방소득세 1.4% = 총 15.4%

시가배당률 6%인 미국 주식 기준, 한 달에 300만 원씩 배당금을 받으려면 '세전'으로는 6억이 있으면 됩니다. 하지만 실제로 내 계좌에 들어오는 배당금은 월 300만 원이 아니라 월 255만 원이죠. 300만 원의 15%인 45만 원은 배당소득세로 내야 하니까요. '세후' 월 300만 원을 배당금으로 받기 위해 필요한 투자금은 이렇게 계산합니다. 미국 주식이라면 앞에서 계산한 세전 투자금에 (1-15%)를 나눠주면 됩니다. 물론 한국 주식이라면 (1-15.4%)로 나눠야 하고요.

세후 필요한 투자금을 구하는 공식

1년 생활비 ÷ 투자할 종목의 시가배당률 ÷ (1 - 15%)

예) **[1단계] 세전 필요한 금액**

3,600만 원 ÷ 시가배당률 6% = 6억 원(세전)

[2단계] 세금까지 감안해서 필요한 금액

6억 원 ÷ 0.85% = 약 7억 588만 원(세후)

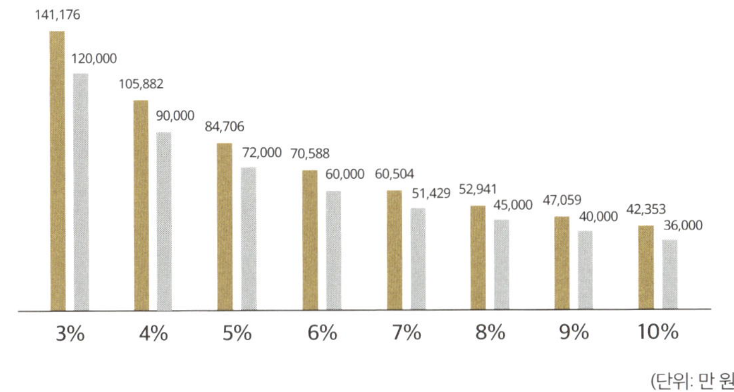

만약 시가배당률 6%인 미국 주식으로 세후 월 300만 원을 배당금으로 받고 싶다면 필요한 투자금은 약 7억 588만 원입니다. 세전으로 계산하면 6억 원이지만 내야 할 세금을 고려하면 필요한 투자금은 1억 원이 더 있어야 하죠. 위 차트를 보면 배당률별로 세전, 세후 필요 투자금 차이를 확인할 수 있습니다.

이런 식으로 본인의 한 달 생활비와 투자할 배당주나 ETF의 배당률을 확인한 다음, 필요한 투자금을 계산해 보기 바랍니다. 당연히 월급을 대신할 만큼 배당금을 받으려면 더 많은 돈이 필요하다는 결과가 나올 겁니다. 하지만 '배당금으로 생활하려면 돈이 엄청 많아야 한다'라는 단순하고 막연한 생각이 아니라, 실제로 내가 필요한 돈이 얼마인지 정확하게 파악한다는 게 중요합니다. 이 어마어마한 투자금을 어떻게 마련해야 하는지는 뒤에서 자세히 다루니 벌써 실망하지 마세요.

세금으로 다 뜯긴다고?

종합소득세

"배당금을 1년에 2천만 원 넘게 받으면 종합소득세와 건강보험료 폭탄 맞는다."

"한국에서 배당금 많이 받으면 세금으로 뜯기는 돈이 더 많아서 손해다."

배당투자나 재테크에 관심 많은 사람이라면 이런 말을 들어본 적 있을 겁니다. 요즘 2인 가구 기준 한 달 생활비 200만 원은 우습죠. 현실적이진 않지만, 월 200만 원으로만 잡아도 1년에 최소 2,400만 원입니다. 그런데 미국 주식, 한국 주식, ETF 상관없이 일반 증권계좌에서 받는 배당금이 1년에 2천만 원을 초과하면 종합소득신고 대상이 됩니다(은행 예금이자 포함). 또 지역가입자 기준 1년에 배당금이 1천만 원을 넘으면 전체 금액에 건강보험료가 부과됩니다. 그래서 위와 같은 괴담(?)이 항상 돌고 있습니다.

실제로 한국 배당금 과세 제도는 다른 나라와 비교하면 불리한 부분이 많습니다. "선진국엔 흔한 배당 생활, 한국 은퇴자들은 그림의 떡"이라는 말이 있을 정도로 미국은 배당금을 얼마나 받든 15% 분리과세로 끝입니다. 영국과 홍콩은 아예 배당소득세가 없고, 일본도 종합과세나 분리과세 중 하나를 선택할 수 있습니다. 분리과세를 선택하면 당연히 건보료도 부과되지 않고요.

하지만 한국에서 배당금을 받으면 배당소득세와 건보료를 둘 다 내야 합니다. 미국 주식의 경우 배당금은 기본적으로 15%를 배당소득세로 원천징수합니다. 또 연간 세전 배당금이 2천만 원을 넘으면, 초과한 금액은 다른 소득과 합쳐서 종합과세됩니다. 특히나 지역가입자라면 연간 세전 배당금이 1천만 원에서 1원만 넘어도 전체 금액이 건보료 부과 대상입니다. 그러다 보니 배당금이 1년에 2천만 원을 넘으면 정말 큰일 날 것처럼 보이죠.

결론부터 이야기하자면 연간 배당금이 2천만 원을 넘는다고 너무 걱정할 필요 없습니다. 배당금을 매년 5천만 원, 6천만 원씩 받아도 실제로 내야 할 세금과 건보료를 직접 계산해 보면 절대 세금 폭탄이라고 할 수 없기 때문이죠.

예를 들어볼게요. 단순하게 미국 주식 배당금만 세전 월 400만 원씩 받는다면 1년에 세전 총 4,800만 원입니다. 세금폭탄 기준인 2천만 원을 가볍게 넘죠.

배당금 4,800만 원에서 기준인 2,000만 원을 뺀 나머지 2,800만 원은 종합소득세 대상이 맞습니다. 하지만 다른 소득 없이 배당금이 소득의 전부라면 배당금이 내 계좌로 들어올 때 원천징수로 가져간 15% 배당소득세 말고는 추가로 내야 할 세금은 전혀 없습니다.

나머지 2,800만 원을 종합소득세로 계산하면 실제 세금은 594만 원이 나오지만, 배당금이 내 계좌로 들어올 때 배당소득세로 720만 원을 이미 떼고 들어왔습니다. 종합소득세 신고를 하더라도 원천징수된 금액이 더 크면 세금을 더 낼 필요가 없습니다. 연말정산 환급처럼 실제 세금보다 미리 낸 세금이 더 많으면 오히려 돌려받아야 할 것 같지만, 아쉽게도 금융소득은 원천징수 금액보다 종합소득세가 적어도 연말정산처럼 환급되진 않습니다.

미국 배당금 종합소득세 계산방법

예) 미국 배당금 4,800만 원을 받았을 때 내는 종합소득세는 얼마?
다른 소득이 없다면 추가 세금 없음!

① 과세대상 확인
- 금융소득(이자·배당)이 연 2,000만 원을 초과하므로 종합과세 대상입니다.
- 2,000만 원까지: 15% 분리과세(미국 원천징수세율 적용)
- 초과분 2,800만 원: 다른 소득과 합산하여 누진세율 적용

② 미국 현지 원천징수 계산(기납부세액)
- 미국은 배당금에 대해 15%를 먼저 뗍니다.
- 4,800만 원 × 15% = 720만 원(이 금액은 이미 미국 정부에 낸 세금입니다.)

③ 한국 종합소득세 산출세액 계산
- 과세표준 1,400만 원 초과 ~ 5,000만 원 이하 구간의 세율은 15%이며, 누진공제액은 126만 원입니다.
- 기본세율 적용분: (과세표준 2,800만 원 × 세율 15%) − 누진공제액 126만 원 = 294만 원
- 분리과세 유지분: 2,000만 원 × 15% = 300만 원
- 294만 원 + 300만 원 = 594만 원

④ 결론
- 미국 배당금 15% 원천징수: 4,800만 원 × 15% = 720만 원
- 한국에서 내야 할 세금: 종합소득세 294만 원 + 분리과세 300만 원 = 594만 원
- 미국에서 낸 세금이 더 많으므로 한국에서 추가로 낼 세금 = **0원**

이처럼 2천만 원이 넘는 배당금을 종합소득세로 계산해 보면 1년 배당금 세전 8,400만 원까지는 추가로 낸 종합소득세는 전혀 없습니다. '다른 소득이 없다'는 가정하에 말이죠. 종합소득세를 신고할 때 누구나 받는 인적공제 150만 원 등 여러 소득공제 항목까지 생각하면 추가 세금이 나오지 않는 배당금 총액은 8,400만 원보다 더 많아질 수도 있습니다.

그래서 배당투자를 시작할 때 세금 걱정부터 할 필요 없다고 말하는 것입니다. 우선은 열심히 배당금 늘릴 생각만 하면 됩니다. 배당금만 1년에 8,400만 원을 넘거나 다른 소득과 배당금을 합쳐서 8,400만 원을 넘을 것 같으면 그때부터 걱정해도 절대 늦지 않습니다.

앞에서 본 것처럼 시가배당률 5% 기준, 1년에 세전 3,600만 원의 배당금을 받으려면 투자금이 7억 2천만 원이나 필요합니다. 그래서 우리가 지금 걱정해야 할 건 세금이 아니라 '투자금을 어떻게 모을까'여야 합니다. 세금 걱정할 수준이 되려면 대한민국 순자산 상위 10%는 돼야 하니까요. 세금 걱정 말고, 열심히 종잣돈부터 모으자고 말하는 이유가 이해되죠?

2026년 종합소득세 누진세율

* 종합소득세는 과세표준에 해당하는 세율을 적용한 후, 누진공제액을 차감하여 산출됩니다.

과세표준 (연간)	세율	누진공제액
1,400만 원 이하	6%	0원
1,400만 원 초과 ~ 5천만 원	15%	126만 원
5천만 원 초과 ~ 8,800만 원	24%	576만 원
8,800만 원 초과 ~ 1억 5천만 원 이하	35%	1,544만 원
1억 5천만 원 초과 ~ 3억 원 이하	38%	1,944만 원
3억 원 초과 ~ 5억 원 이하	40%	2,594만 원
5억 원 초과 ~ 10억 원 이하	42%	3,594만 원
10억 원 초과	45%	6,594만 원

(출처: 국세청 홈택스)

2026년 종합소득세 신고대상

소득구분	신고대상
금융소득	이자 및 배당소득이 연간 2,000만 원 초과 시
사업소득	자영업자, 프리랜서 등 모든 사업소득자
임대소득	연간 2,000만 원 초과 시
연금소득	사적연금(연금저축, 퇴직연금 등) 1,500만 원 초과 시 공적연금(국민연금 등)은 타 소득이 있을 시
근로소득	2곳 이상에서 근로소득을 받은 경우. 연말정산을 하지 않은 근로소득이 있는 경우. 근로소득 외에 다른 종합소득이 있는 경우.
기타소득	강연료, 인세 등 연간 300만 원 초과 시(필요경비 공제)

(출처: 국세청 홈택스)

세전 배당금	추가 세금	세전 배당금	추가 세금	세전 배당금	추가 세금	세전 배당금	추가 세금
3,600	없음	5,200	없음	6,800	없음	8,400	없음
3,700	없음	5,300	없음	6,900	없음	8,500	9
3,800	없음	5,400	없음	7,000	없음	8,600	18
3,900	없음	5,500	없음	7,100	없음	8,700	27
4,000	없음	5,600	없음	7,200	없음	8,800	36
4,100	없음	5,700	없음	7,300	없음	8,900	45
4,200	없음	5,800	없음	7,400	없음	9,000	54
4,300	없음	5,900	없음	7,500	없음	9,100	63
4,400	없음	6,000	없음	7,600	없음	9,200	72
4,500	없음	6,100	없음	7,700	없음	9,300	81
4,600	없음	6,200	없음	7,800	없음	9,400	90
4,700	없음	6,300	없음	7,900	없음	9,500	99
4,800	없음	6,400	없음	8,000	없음	9,600	108
4,900	없음	6,500	없음	8,100	없음	9,700	117
5,000	없음	6,600	없음	8,200	없음	9,800	126
5,100	없음	6,700	없음	8,300	없음	9,900	135

(단위: 만 원)

위 표는 연간 배당금별 추가 세금이 얼마나 나오는지를 정리한 것입니다. 결과부터 말하면 2026년 종합소득세율을 적용했을 때 1년에 받는 배당금이 세전 8,400만 원은 넘어야 납부할 종합소득세가 나옵니다. 여기에 지방소득세 10%가 추가됩니다.

8,500만 원이면 이미 냈던 배당소득세 말고 더 내야 할 세금은 종합소득세와 지방소득세를 합쳐서 겨우 9만 9천 원입니다. 다른 소득 없이 배당금만 1년에 9,900만 원을 받으면 종합소득세로 추가 납부할 세금은 지방소득세 10%까지 합쳐 148만 5천 원입니다. 배당금으로 1억 원 가까이 받는 사람이라면 이 정도 추가 세금을 내는 건 매우 귀여운 수준일 겁니다.

세금 말고도 건보료로
다 뜯긴다고?
건강보험료

이제 배당투자를 시작하기도 전에 세금 걱정부터 할 필요는 없다는 걸 이해했을 겁니다. 하지만 많은 은퇴자가 걱정하는 비용이 하나 더 남았죠? 바로 건강보험료(건보료)입니다. 세금은 아니지만 본인 소득이나 보유 자산 가치에 따라 세금처럼 납부해야 하는 '준조세'입니다.

배당금으로 은퇴 후 생활할 계획인데, 건보료는 얼마나 내야 할까요? 모든 세금이 그렇듯이 건보료 역시 배당금이 늘어날수록 내야 할 돈이 늘어나는 구조입니다. 가장 자주 질문하는 한 달 건보료 계산 방법부터 알아보겠습니다. 5초 만에 쉽게 계산하는 방법은 세전 월 배당금에 8%를 곱하면 됩니다. 2026년에는 건강보험료율이 올라서 더 정확하게는 8.1%지만, 계산의 편의성을 위해 8%라고 하겠습니다.

참고로 건강보험료 부과금액은 내가 지역가입자인지, 직장가입자인지에 따라 다릅니다. 여기서는 기본적으로 직장에 다니지 않는 지역가입자 기준으로 설명할게요. 직장 월급 없이 배당금만으로도 생활이 가능한 현금흐름 만들기가 배당투자의 1차 목표니까요. 먼저 지역가입자 기준으로 건보료 계산 방법을 설명하고, 직장가입자 건보료 계산 방법은 이후에 다뤄보겠습니다.

직장 없이 배당금만 받는 일반인이라면 기본적으로 지역가입자입니다. 지역가입자는 직장가입자와 달리 건강보험료를 개인이 전부 부담해야 합니다. 건보료는 소득과 보유자산에 따라 늘어납니다. 부동산 같은 자산은 각자 상황이 다르니, 이 책에서는 배당금에 부과되는 건보료만 가지고 설명하겠습니다. 참고로 보유자산별 건보료 부과 금액은 '국민건강보험' 홈페이지에서 누구나 쉽게 계산해 볼 수 있습니다.

사실 우리가 흔히 말하는 건보료는 '건강보험료'와 '장기요양보험료' 2가지를 합친 금액입니다. 앞서 말한 8%도 이 둘을 합친 거죠. 건보료율과 장기요양보험료율 모두 매년 새로 책정됩니다.

재정적자가 갈수록 심해지고 있기 때문이죠. 그래서 은퇴와 노후를 준비하는 사람이라면 건보료 대비는 필수입니다.

<table>
<tr><th colspan="4" style="text-align:center">2026년 건강보험료율</th></tr>
<tr><th>구분</th><th>건강보험료</th><th>부과기준</th><th>장기요양보험료율</th></tr>
<tr><td>지역가입자</td><td>7.19%</td><td>소득, 자산
(부동산 등)</td><td rowspan="2">건강보험료의
12.95% 추가</td></tr>
<tr><td>직장가입자</td><td>7.19%
(회사와 본인이 반씩 부담)</td><td>근로소득, 월급 외
연 2천만 원 초과소득
에 추가 부담</td></tr>
</table>

(출처: 보건복지부)

보유자산별 건보료 계산하기

소득금액(연소득 기준)

사업소득 등 [　　　] 만원　　연금소득 ⓘ [　　　] 만원　　근로소득 ⓘ [　　　] 만원

분리과세 주택임대소득 ⓘ [　　　] 만원

- '사업소득 등'에는 사업·이자·배당·기타소득 포함(합산 입력) / 연금·근로소득인 경우 연금 또는 근로소득 란에 입력
- 연금소득은 전년도 소득액에 대하여 해당 연도 1월부터 12월까지,
- 전년도 소득중 연금소득을 제외한 소득(이자·배당·사업·근로·기타소득)에 대해서는 해당연도 11월부터 다음해 10월까지 반영

재산금액(주택, 건물, 토지, 선박, 항공기 등 과세표준액 기준)　　[60등급] ↻

주택 [　　] 만원	건물 [　　] 만원	토지 [　　] 만원
선박 [　　] 만원	항공기 [　　] 만원	전세(보증금) [　　] 만원
월세(보증금) [　　] 만원	월세 [　　] 만원	

- 재산자료(주택,건물,토지,선박,항공기)는 해당 연도 11월부터 다음 해 10월까지 반영
  - 재산 자료는 해당 연도 6월 1일 기준 재산세 과세표준금액 입니다.
- 임차주택에 대한 보증금 및 월세금액에 대한 자료는 매월 반영

(출처: 국민건강보험공단)

건강보험료 계산방법 - 지역가입자의 경우

건강보험료율과 장기요양보험료율이 어떻게 바뀌더라도 누구나 직접 계산할 수 있도록 과정을 설명하겠습니다.

예) 미국 배당금 4,800만 원을 받았을 때 내는 건강보험료는 얼마?

① 건강보험료 계산
- 세전 월 배당금에 건보료율을 곱하면 건보료가 나옵니다. (2026년 건보료율 7.19%)
- 월배당 400만 원 × 7.19% = 287,600원

② 장기요양보험료 계산
- 건보료에 장기요양보험료률을 곱합니다. (2026년 장기요양보험료율은 건보료의 12.95%)
- 건보료 287,600원 × 장기요양보험료율 12.95% = 약 37,244원 = 37,240원(1원 단위 절사)

③ 총보험료 계산
- 건강보험료와 장기요양보험료를 더합니다.
- 287,600원 + 37,240원 = **324,840원**

지역가입자가 세전으로 월 400만 원의 배당금을 받으면 매월 내야 하는 건보료는 '400만 원 × 8% = 32만 원'입니다. 정확히는 324,840원으로 배당금의 약 8.1%지만 외우기 쉽게 '세전 월 배당금에 8%를 곱하면 된다'라고 생각하세요.

그럼, 세금 다 낸 후
실제 투자금은 얼마지?

일반계좌에서 배당금을 1년에 2,000만 원 넘게 받으면 종합소득세와 건강보험료를 내야 합니다. 배당금을 월 400만 원씩 총 4,800만 원 받는 것 말고 다른 소득이 없다는 가정하에 매월 내야 하는 총 세금은 920,320원입니다(1년간 세금 720만 원, 건보료 384만 원). 세금과 건보료를 모두 합친 세율은 약 23% 수준입니다. 매월 400만 원씩 배당금을 받으면 이것저것 다 떼고 실제 쓸 수 있는 생활비는 약 308만 원이라는 뜻이죠.

물론 23%가 절대 작은 숫자는 아니지만 그렇다고 세금폭탄이라고 외칠 정도는 아닙니다. 상속세율은 최대 50%인데, 상속세 정도는 돼야 세금폭탄이 아닐까 싶습니다. 다른 나라와 비교하면 배

구분	금액	비율
세전 월 배당금	400만 원	
건강보험료	324,840원	배당금의 8.1% (건강보험료 287,600원 + 장기요양보험료 37,240원)
종합소득세	0	
배당소득세(연)	600,000원	배당금의 15%(미국 원천징수)
총납부 금액	924,840원	배당금의 8.1% + 15% = **23.1%**
세후 월 배당금	3,073,160원	세전 월 배당금 - 건강보험료 - 종합소득세 - 배당소득세

당금에 붙는 세금 부담이 큰 것은 맞지만, 그렇다고 연 2천만 원에서 1원이라도 넘기면 문제 될 수준은 절대 아니라고 생각합니다.

자, 이제 세금까지 고려한 총투자금을 계산해 봅시다.

1년 배당금 목표가 8,400만 원 이하라면 한 달 생활비에 12개월을 곱한 다음 77%로 나눠주면 됩니다. 배당금의 약 23%가 세금과 건보료로 나가고, 실제 우리가 쓸 수 있는 배당금은 77%이기 때문이죠.

예를 들어, 세금과 건보료 다 떼고 월 400만 원의 배당금을 받는 경우를 같이 계산해 보겠습니다. 한 달에 400만 원씩 1년이면 4,800만 원입니다. 세금과 건보료로 23%를 내야 하니 필요한 세전 1년 배당금은 4,800만 원 ÷ 77% = 62,337,662원입니다. 숫자가 지저분하니까 깔끔하게 6,200만 원이라고 할게요. 이 세전 배당금을 시가배당률로 나눠주면 끝입니다. 이 금액이 나한테 필요한 투자금입니다.

배당률은 어떻게 정할까요? 어떤 종목에 투자할지에 따라 배당률은 다릅니다. 예를 들어 많은 배당투자자가 사랑하는 SCHD ETF의 배당률을 약 3.5%로 가정합시다. 세전 6,200만 원의 배당금을 받고 싶다면 6,200만 원 ÷ 3.5% = 약 17억 7,143만 원이 필요합니다. 시가배당률 6%인 리얼티인컴이라면 10억 3,333만 원, 시가배당률이 10%인 ETF라면 6억 2천만 원이 필요합니다.

배당률에 따른 세후 실제 투자금 계산방법

예) 배당률이 3.5%인 종목에 투자할 예정이다. 세금과 건보료를 다 내고 배당금으로 월 400만 원을 받으려면, 실제 투자금은 얼마일까?

① 세후 목표 배당금
　　400만 원 × 12개월 = 4,800만 원

② 세금과 건보료 23% 납부 전 세전 배당금
　　4,800만 원 ÷ 77% = 62,337,662원(약 6,200만 원)

③ 배당률이 3.5%일 경우 실제 투자금
　　약 6,200만 원 ÷ 3.5% = 1,771,428,571원(약 17억 7천만 원)

이 책을 보고 있는 사람들이 배당투자 계획을 세우는 데 도움이 되도록 '나의 목표 생활비'와 '배당률'에 따라 필요한 투자금이 얼마일지 표로 정리해 봤습니다.

지금 당장 한 달 생활비로 세후 200만 원이 필요하고, 이 돈을 리얼티인컴 배당금으로만 커버한다면 최소 5억 1,948만 원이 있어야 합니다(배당률 6% 기준). 조금 더 넉넉하게 살고 싶어서 한 달 생활비 400만 원을 목표로 한다면 배당률 6% 기준 10억 3,896만 원, 배당률 10% 기준 6억 2,338만 원이 내 계좌에 있어야 합니다.

목표 생활비와 배당률에 따라 필요한 투자금 예시							
월배당금(세후)	시가배당률						
현재	2%	3%	4%	5%	6%	8%	10%
150	116,883	77,922	58,442	46,753	38,961	29,221	23,377
200	155,844	103,896	77,922	62,338	51,948	38,961	31,169
250	194,805	129,870	97,403	77,922	64,935	48,701	38,961
300	233,766	155,844	116,883	93,506	77,922	58,442	46,753
350	272,727	181,818	136,364	109,091	90,909	68,182	54,545
400	311,688	207,792	155,844	124,675	103,896	77,922	62,338
450	350,649	233,766	175,325	140,260	116,883	87,662	70,130
500	389,610	259,740	194,805	155,844	129,870	97,403	77,922

단위: 만 원
건보료, 종합소득세 23% 반영

노후 준비는 이것까지 반영해야 고수다!

물가상승률

지금까지 생활비에 맞게 배당금을 받으려면 지금 당장 얼마나 필요한지 투자금을 계산해 봤습니다. 하지만 우리는 은퇴를 위한 필요 자금을 모아가야 하죠. 만약 5년, 10년 돈을 더 모아야 하는 상황이라면 인플레이션 때문에 생활비도 자연스럽게 늘어날 테니 계획을 짤 때 이 부분도 생각해야 합니다. 연평균 물가상승률이 3%라면 현재 200만 원 가치는 10년 후 약 269만 원 정도입니다. 자연스럽게 필요한 투자금은 지금보다 늘 수밖에 없죠.

예) 매년 물가상승률 3%를 반영했을 때 현재 200만 원의 10년 후 가치

미래가치 = 현재 가치 × (1 + 물가상승률)^(연수)

= 200만 원 × (1 + 3%)^10년 = 200 × (1 + 0.03)^10 = 268만 8천 원

현재 가치 기준으로 월 생활비 200만 원을 10년 후 시가배당률 6%로 세팅하고 싶다면 6억 9,814만 원이 필요합니다. 만약 시가배당률 10%짜리에 투자한다면 4억 1,888만 원을 앞으로 10년 동안 모으면 됩니다. 이런 식으로 나만의 투자 로드맵을 짜보고 방향이 나왔다면 이제 할 일은 단순합니다. 목표 금액까지 열심히 모으면 됩니다.

물가상승률 3%를 반영한 10년 후 투자금

			목표기간	물가상승률
			10년	3.0%

월배당금(세후)		시가배당률						
현재	10년 후	2%	3%	4%	5%	6%	8%	10%
150	202	157,081	104,721	78,541	62,832	52,360	39,270	31,416
200	269	209,442	139,628	104,721	83,777	69,814	52,360	41,888
250	336	261,802	174,535	130,901	104,721	87,267	65,450	52,360
300	403	314,162	209,442	157,081	125,665	104,721	78,541	62,832
350	470	366,523	244,348	183,261	146,609	122,174	91,631	73,305
400	538	418,883	279,255	209,442	167,553	139,628	104,721	83,777
450	605	471,243	314,162	235,622	188,497	157,081	117,811	94,249
500	672	523,604	349,069	261,802	209,442	174,535	130,901	104,721

단위: 만 원
건보료, 종합소득세 23% 반영

이렇게 직접 계산해 보지 않고 '돈을 많이 모아야 한다'라는 생각만으로 무조건 절약과 돈 벌기에 집중한다면 어떻게 될까요? 단기적으로는 어떨지 몰라도 오래 유지하기가 쉽지 않습니다. 투자자 상황마다 다르겠지만 5억, 10억이라는 돈을 모으려면 상당히 긴 시간이 필요합니다. 확실한 목표 없이 계속 모으기만 하다 보면 결국 지쳐서 포기해 버리게 됩니다.

그래서 저는 돈 계획을 짤 때 목표부터 세팅하고, 어떻게 하면 달성할 수 있을지 여러 변수를 역으로 계산합니다. 그러면 지금 당장 내가 할 일이 무엇인지 명확하게 구분되거든요. 한 달에 얼마씩 모으면 될지, 시가배당률이 몇 퍼센트인 주식이나 ETF에 투자해야 하는지, 그중에서 가장 안정적인 ETF는 무엇인지 알아봐야겠다 등 고민했던 문제들이 자연스럽게 해결됩니다.

이제 한국에서 배당투자를 해도 생각보다 세금폭탄이 아니라는 사실과 나의 생활비만큼 배당금을 받으려면 투자금이 얼마나 필요할지도 자세히 알아봤습니다. 걱정해야 할 부분은 세금이 아니라 배당금을 1년에 5~6천만 원 받기 위한 투자금 모으기라고 생각합니다.

투자자의 목표나 현재 상황에 따라 필요한 투자금이 많게 혹은 적게 느껴질 수도 있을 겁니다. 시가배당률 6%대인 리얼티인컴만으로 지금 당장 세후 월 배당금 200만 원을 받으려면 최소 5억은 있어야 하니 평범한 직장인에게는 쉬운 목표가 아닙니다.

만약 20년 후 은퇴할 때 지금 가치로 월 200만 원의 경제적 자유를 목표로 한다면 5억이 아니라 9억 3,824만 원 필요합니다. 무려 4억을 더 모아야 하죠. 20년 후에 9억 3,824만 원을 모으려면 한 달에 390만 원씩 저축해야 가능할 만큼 큰돈입니다.

이렇게 생각하면 막막할 겁니다. 하지만 포기할 필요는 전혀 없습니다. 이 돈을 전부 모으지 않고도 배당금 목표를 달성할 방법이 있기 때문이죠. 다음 장에서 자세히 알아보겠습니다.

물가상승률 3%를 반영한 20년 후 투자금								
							목표기간	물가상승률
							20년	3.0%
월배당금(세후)		시가배당률						
현재	20년 후	2%	3%	4%	5%	6%	8%	10%
150	271	211,104	140,736	105,552	84,442	70,368	52,776	42,221
200	361	281,472	187,648	140,736	112,589	93,824	70,368	56,294
250	452	351,840	234,560	175,920	140,736	117,280	87,960	70,368
300	542	422,208	281,472	211,104	168,883	140,736	105,552	84,442
350	632	492,576	328,384	246,288	197,030	164,192	123,144	98,515
400	722	562,944	375,296	281,472	225,178	187,648	140,736	112,589
450	813	633,312	422,208	316,656	253,325	211,104	158,328	126,662
500	903	703,680	469,120	351,840	281,472	234,560	175,920	140,736

단위: 만 원
건보료, 종합소득세 23% 반영

배당 ETF로 월 400만 원 현금흐름 만들기

6장

·

은퇴 후 월 200만 원을 받기 위한 가장 현실적인 투자전략

전략 1.
투자로 필요한 돈 불리기

5장에서 목표 배당금을 받으려면 실제로 돈이 얼마나 있어야 하는지 세금을 포함한 투자금 계산방법을 알아봤습니다. 몇억 대의 금액을 보면서 가슴이 답답해진 사람이 있을 겁니다. 하지만 계산해서 나온 돈을 전부 숫자 그대로 정직하게 모을 필요 없습니다. 3가지 전략을 통해 필요한 투자금을 줄일 수 있기 때문이죠.

전략 1. 주식 투자로 필요한 돈 불리기
전략 2. 배당주/ETF의 배당성장 이용하기
전략 3. 절세계좌를 이용해서 세금 줄이기

전략별 장단점과 투자계획 짜는 방법을 자세하게 이야기해 보겠습니다. 3가지 중 하나의 전략만 활용해도 되고, 2개 이상을 함께 활용해도 됩니다. 기본적으로 여러 전략을 함께 사용하면 필요한 투자금은 더 줄어듭니다. 물론 전략마다 제한사항도 있으니 3가지 전략을 쭉 읽어보고 상황에 맞게 적용하세요.

첫 번째 전략은 필요한 돈을 투자로 불리는 방법입니다. 20년 후 세후 매월 361만 원씩 배당금을 받으려면 9억 3,824만 원이 필요합니다. 5장에서 본 것처럼 현재 200만 원의 가치는 연평균 물가상승률 3% 기준, 20년 후에는 361만 원입니다.

20년 동안 월급 받으면서 돈을 모으고, 이 돈을 투자도 하면서 총자산을 불리는 것이 첫 번째 전략입니다. 당연히 투자 수익이 높을수록 필요한 투자금을 모으는 데 걸리는 시간과 돈이 줄어듭니다. 그렇다면 매월 저축하면서 그 돈으로 투자도 하면 얼마나 유리할까요? 다음 공식을 한번 봐주세요.

내가 원하는 만큼 배당금을 받기 위해 필요한 투자금이 '자산'이고, 지금 내가 가지고 있는 돈이 '원금'입니다. 공식을 보면 기본적으로 원금, 투자수익률, 투자기간이 늘어날수록 자산도 증가하는 구조입니다. '자산' 목표가 동일하다는 전제하에 원금과 수익률이 늘어나면 투자기간은 줄어듭니다. 투자기간과 수익률이 늘어나면 필요한 원금(저축)은 줄어듭니다. 학창 시절 과학시간에 배웠던 '거리 = 속력 × 시간' 공식처럼 투자 결과도 3가지 변수를 어떻게 세팅하느냐에 따라 달라집니다.

20년 후에 필요한 투자금(자산) 9억 3,824만 원을 단순히 저축만으로 모으려면 한 달에 390만 원씩이나 필요합니다. 하지만 20년 동안 연평균 수익률 7%로 돈을 굴릴 수 있다면 매월 180만 원만 있어도 충분합니다. 원금은 4억 3,200만 원이지만, 수익은 5억 1,114만 원으로 수익이 원금보다 더 많습니다.

그냥 저축만 해서 모으는 것보다 한 달에 210만 원이 덜 필요하지만, 20년 후 총자산은 오히려 더 많아지는 신기한 일이 벌어집니다. 사기라고요? 네이버 적금계산기를 이용해 그대로 입력하면 같은 결과가 나오는 걸 볼 수 있을 겁니다.

만약 연평균 수익률이 7%보다 1%p 높은 8%면 어떻게 될까요? 월 투자금은 똑같이 180만 원이라도 20년 후 총자산은 9억 6,947만 원이 됩니다. 고작 1%p 수익률로 총자산이 6천만 원 넘게 늘어나죠.

금융 계산기   용어 설명 ⬤

예금 **적금** 대출 LTV DTI DSR 중도상환수수료
      ───

월납입액   1,800,000 원

                                                          180만 원

          +10만   +100만   +1,000만

적립기간   [년] 월   20 년

          +1년   +5년   +10년

연이자율   단리   [월복리]   7 %

매월 180만원씩 20년동안
연 이율 7%로 저축하면

총 9억 4,313만 7,718원을 수령하실 수 있습니다.

원금합계   432,000,000원
세전이자   511,137,718원
이자과세(15.4%)   0원
월복리 7%, 비과세 기준

세후 수령액   943,137,718원

네이버 적금 계산기

20년 후엔 이렇게 투자로 불린 돈으로 미리 정해둔 배당주나 배당 ETF를 전부 매수합니다. 그다음부터는 여기서 나오는 배당금으로 생활하면 됩니다. 투자로 배당금을 확보하는 방법은 기본적으로 이 흐름을 따라갑니다.

물론 내가 매월 투자하는 금액이 얼마인지, 연평균 수익률은 몇

%인지, 몇 년이나 투자할 수 있는지, 내가 목표로 하는 생활비(배당금)가 얼마인지는 사람마다 다 다를 겁니다. 목표 배당금이 1년에 얼마인가에 따라 내야 하는 세금도 달라지죠. 여러 가지 변수를 다 고려하는 건 쉽지 않습니다.

그렇다고 포기할 순 없죠. 누구나 쉽게 투자계획을 짜고 실행에 옮길 수 있도록 구글 스프레드시트로 계산기를 만들었습니다. 다음 페이지의 QR코드를 스캔하면 누구나 자유롭게 이용할 수 있습니다. 자세한 이용 방법은 구글 시트에도 적어뒀으니 참고하세요.

간단히 노란색 부분에 본인의 상황에 맞게 입력하면 나머지는 알아서 자동으로 계산됩니다. 표 안에 있는 숫자가 대략적인 세후 월 배당금입니다. 예를 들어 한 달에 190만 원씩 투자하고 연평균 수익률 8%로 굴린다면 20년 후에는 세후로 월 361만 원씩 받을 수 있습니다. 노란색으로 표시하지는 않았지만, '규모'인 '월납입금액'과 '효율'인 '연평균 수익률'도 원하는 금액으로 바꿔 시뮬레이션해볼 수 있습니다. 표에 음영으로 표시된 부분은, 이렇게 조합했을 때 내 목표를 달성할 수 있다는 뜻입니다.

나만의 투자계획 만들기(일반계좌)

투자기간	20년
월목표	200만 원
원금	만 원

한달 생활비	미래 생활비	물가상승률(연)	시가배당률
200	361	3.0%	6.0%

20년 목표 시간		연평균 수익률 효율						
		4%	5%	6%	7%	8%	9%	15%
월납입금액 (단위 :만원) 규모	50	77	86	97	109	124	140	292
	60	92	103	116	131	149	169	350
	70	108	121	136	153	173	197	409
	80	123	138	155	175	198	225	467
	150	230	258	268	303	342	389	845
	180	255	286	322	363	411	466	976
	200	283	318	358	403	457	518	1,062
	250	354	397	447	504	571	645	1,582

주가수익 전략의 단점과 대책

이 전략에는 당연히 단점도 있습니다. 투자수익률이 예·적금 이자처럼 확정된 것이 아니라는 점입니다. 2023년처럼 1년 내내 주식시장이 오르기도 하지만, 2022년처럼 1년 내내 떨어질 때도 있습니다. 최악의 경우 투자하고 있던 주식이 상장폐지 당해 휴지

조각이 될 수도 있죠. 그래서 투자계획을 짤 때 연평균 목표 수익률을 너무 높게 잡으면 안 됩니다.

이론상 목표 수익률을 높게 잡을수록 필요한 돈과 시간이 줄어드는 건 맞습니다. 하지만 수익률은 내 의지와 노력만으로 끌어올릴 수 있는 게 아닙니다. 아무리 시장 분위기가 좋아도 하루아침에 폭락할 수도 있는 게 주식시장이니까요. 코로나19 팬데믹이 전 세계를 휩쓸 거라고 예상하고 미리 대응했던 사람이 거의 없었던 것처럼 말이죠.

그래서 저는 계획을 짤 때, 투자금과 시간 변수를 끌어올리기 위해 노력하는 편입니다. 투자금은 내가 덜 쓰거나 일을 더해서 수입을 늘릴 수 있고, 시간도 내가 회사에 어떻게든 남아있으면 늘릴 수 있습니다. 하지만 수익률은 내가 아무리 좋은 ETF를 골랐다고 해도 원하는 만큼 올라가는 구조가 아닙니다. 돈은 내가 시간을 더 내서 일하면 벌 수 있지만, 수익률은 공부한 만큼 더 잘 나오지 않는다는 걸 인정하고 대처해야 합니다.

적절한 목표를 어떻게 정하는지 묻는 사람이 많습니다. 저는 투자를 처음 하는 분들이라면 연평균 수익률 목표를 6~8% 내외로 잡으라고 권하는 편입니다. 어떤 종목에 투자할지 고민된다면 S&P 500 ETF부터 알아보세요. 역사적으로 S&P 500 ETF 연평균 수익률이 7~10%는 됐기 때문에 저 역시 장기투자를 목표로 꾸준히 모아가고 있습니다. 참고로 저는 연평균 수익률 8%를 목표로 S&P 500 ETF 중심으로 투자 중입니다.

목표 연평균 수익률이 얼마인지에 따라서, 또 같은 연평균 수익률이라도 투자 방법은 정말 다양합니다. 미래 주가를 100% 예측할 수 없으니 정답도 없습니다. 다만 긴 시간 쌓인 데이터를 통해 앞으로도 비슷할 것이라고 예상할 수는 있죠. 목표 연평균 수익률별 투자 방법 예시는 다음 표를 참고해 주세요.

목표 연평균 수익률	투자방법(예시)
3%	예·적금
5%	S&P 500 ETF + 예·적금
7%	S&P 500 ETF 100%
10%	나스닥 ETF 100%

전략 2.
배당주/ETF의 배당성장 이용하기

두 번째 전략은 배당성장을 이용하는 것입니다. 앞에서 미국 ETF인 SCHD나 배당귀족, 배당킹 주식들을 알아봤습니다. 어떤 주식이 배당귀족이나 배당킹 타이틀을 얻으려면 조건이 있습니다. 배당귀족은 25년, 배당킹은 50년 넘게 매년 배당금을 지급하고, 매년 금액도 조금씩 늘어야 합니다.

대표적인 배당킹 주식인 코카콜라의 연간 배당금을 보면 매년 꾸준히 늘고 있는 것을 확인할 수 있습니다. 시킹알파에서 KO(코카콜라)를 검색해 보세요. 2015년 배당금이 1.32달러였는데 2024년에는 1.94달러가 되었습니다. 코카콜라 주식을 2015년부터 가지고 있었으면 1주 배당금이 47%나 오른 겁니다. 나는 아무것도 안 하고 가만히 있었을 뿐인데, 내가 생활비로 쓸 수 있는 배당금이 47%나 늘어난 것이죠.

예) 코카콜라 배당성장률 $\dfrac{(1.94 - 1.32)}{1.32} \times 100 = 46.969 = 약 47\%$

배당성장률 계산 공식

$$\dfrac{(금년도\ 실적 - 전년도\ 실적)}{전년도\ 실적} \times 100$$

1989년까지 거슬러 올라가면 코카콜라 주식 1주의 배당금은 0.0425달러였습니다. 당시 코카콜라 1주당 가격은 3.66달러, 배당률은 대략 1.2%였죠(0.0425 ÷ 3.66). 만약 그때 코카콜라 주식 1주를 사서 지금까지 가지고 있었다면 어땠을까요? 2025년 코카콜라 1주당 연간 배당금은 2.04달러입니다. 지금까지 가지고 있었다면 코카콜라 시가배당률은 56%라는 말도 안 되는 숫자가 나옵니다 (2.04 ÷ 3.66). 배당금을 2년만 받으면 원금이 회수되는 경지죠.

워런 버핏도 코카콜라 주식을 가지고 있는 것으로 유명합니다. 1988년부터 매수하기 시작해서 지금까지 쭉 들고 있습니다. 현재 워런 버핏이 이런 일이 가능하다는 것을 직접 보여줬습니다. 배당

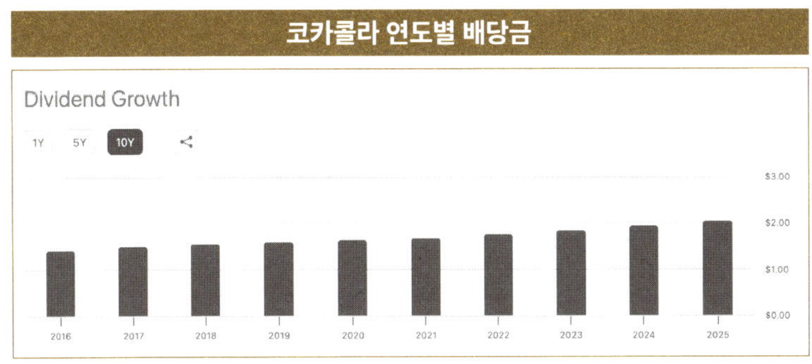

(출처: 시킹알파)

(출처: Google)

금을 중심으로 설명했지만, 주가상승도 엄청납니다. 1989년 3.66달러였던 코카콜라 주가는 2026년 2월 현재 78.68달러가 되었죠. 주식을 가지고만 있었는데 배당금은 4,700%(약 48배), 주가도 약 2,050%(약 21배) 늘었습니다.

이런 일이 가능한 이유가 바로 '배당성장'입니다. 매년 배당금이 늘기 때문에 내가 투자금을 덜 모으더라도 목표 배당금에 도착할 수 있습니다. 내가 배당주나 ETF를 사기 위해 직장을 다니고 부업으로 돈을 모을 때, 배당주도 함께 일하는 것입니다. 인생의 동업자라고 볼 수 있죠.

또 주식에서 배당금이 나오는 원리를 생각하면, 매년 늘어나는 배당금은 그 회사의 성장을 의미합니다. 회사가 점점 성장하고 버는 돈이 늘어나야 배당금도 증가할 수 있기 때문입니다.

물론 과거의 데이터가 미래의 수익률을 보장하지 않는 건 맞습니다. 하지만 배당귀족, 배당킹에 속한 종목들은 대부분 배당금뿐만 아니라 주가도 오르는 경향이 큽니다. 주가는 결국 그 기업의 가치를 나타내는데, 기업이 지급하는 배당금이 매년 꾸준히 늘어난다는 의미는 기업이 버는 돈도 늘어나고 있다는 뜻이니까요. 그만큼 그 기업의 가치가 올랐기 때문에 주가도 결국 오르는 것입니다.

배당성장을 이용한 목표 배당금 만들기 전략은 얼마나 효율적일까요?

이번에도 예시를 통해 함께 계산해 보겠습니다. 현재 가치로 200만 원에 해당하는 배당금을 20년 후에 받고 싶은 투자자 A가 있다고 가정합시다. A도 많은 사람들이 투자하는 SCHD를 매월 적립식으로 모아가면서 20년 후 월 배당금 200만 원을 만들겠다고 결심했습니다. 투자 없이 예·적금만으로 목표를 달성하려면 한 달에 390만 원씩 모아야 하기 때문이죠.

시가배당률이 3.5%이고, 연평균 배당성장률이 8%인 SCHD에 투자해 20년 후 지금의 200만 원 가치인 월 361만 원을 배당금으로 받으려면 얼마를 투자해야 할까요? 이론상으론 매월 220만 원씩 투자하면 됩니다. 그러면 20년 후에는 세후 월 370만 원씩 생활비로 쓸 수 있죠. 종합소득세와 건강보험료를 전부 납부하고, 내가 실제로 쓸 수 있는 배당금입니다. 주가상승으로 총자산을 늘리는 개념과 동일하게 배당금도 복리의 마법으로 매년 늘어납니다.

시뮬레이션 계산 방법이 조금 복잡하지만, 이번에도 누구나 쉽게 본인의 상황에 맞게 투자계획을 세워볼 수 있도록 구글 스프레드시트를 준비했습니다. 한 달 투자금, 투자하는 종목이나 ETF의 시가배당률, 예상 연평균 배당성장률을 입력하면 몇 년 후에 세후 배당금이 대략 얼마나 될지, 자동으로 계산되는 파일입니다.

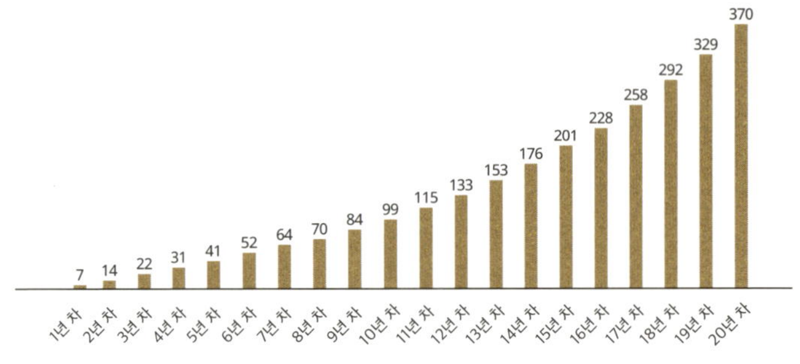

이 배당금 계획시트에는 앞에서 배운 여러 지식들이 전부 적용되어 있습니다. 노란색 부분에 각자에게 필요한 금액을 넣기만 하면 자동으로 계산되니 잘 활용해 보세요. 간단히 다시 정리하면 직장을 다니지 않는 지역가입자 기준, 1년에 배당금으로 세전 1천만 원 넘게 받으면 배당금 전체에 건강보험료 8%가 부과됩니다. 세전 2천만 원을 넘으면 2천만 원 넘는 배당금에만 금융소득 종합과세가 적용됩니다.

나만의 배당금 로드맵 - 배당금 투자계획 시트

배당금 투자계획 시트 이용방법 설명 동영상

나만의 배당금 로드맵 Ver 3.0 ☆

파일 수정 보기 삽입 서식 데이터 도구 확장 프로그램 도움말

Q 🖨 🖩 ▾ 100% ▾   👁 보기 전용

B8   ▾   fx 30

연 투자금	600	<--입력
시가배당률	3.5%	<--입력
배당성장률	7.0%	<--입력

단위 : 만원

일반계좌

만 나이	연도	연 투자금	연 배당금 (세전)	연 배당금 (세후)	세율	월배당금 (세후)	
30세	2025년	600	21	18	15.0%	1	직장가입자
31세	2026년	600	44	37	15.0%	3	직장가입자
32세	2027년	600	69	59	15.0%	5	직장가입자
33세	2028년	600	97	83	15.0%	7	직장가입자
34세	2029년	600	128	109	15.0%	9	직장가입자
35세	2030년	600	162	138	15.0%	11	직장가입자
36세	2031년	600	199	169	15.0%	14	직장가입자
37세	2032년	600	240	204	15.0%	17	직장가입자
38세	2033년	600	285	242	15.0%	20	직장가입자
39세	2034년	600	334	284	15.0%	24	직장가입자
40세	2035년	600	389	330	15.0%	28	직장가입자
41세	2036년	600	448	381	15.0%	32	직장가입자
42세	2037년	600	514	437	15.0%	36	직장가입자
43세	2038년	600	586	498	15.0%	42	직장가입자
44세	2039년	600	666	566	15.0%	47	직장가입자
45세	2040년	600	753	640	15.0%	53	직장가입자
46세	2041년	600	849	722	15.0%	60	직장가입자
47세	2042년	600	955	812	15.0%	68	직장가입자
48세	2043년	600	1,071	911	15.0%	76	직장가입자
49세	2044년	600	1,199	1,019	15.0%	85	직장가입자
50세	2045년	600	1,340	1,139	15.0%	95	직장가입자
51세	2046년	600	1,495	1,270	15.0%	106	직장가입자
52세	2047년	600	1,665	1,415	15.0%	118	직장가입자
53세	2048년	600	1,852	1,574	15.0%	131	직장가입자
54세	2049년	600	2,058	1,744	15.2%	145	직장가입자
55세	2050년	600	2,284	1,918	16.0%	160	직장가입자
56세	2051년	0	2,443	1,882	23.0%	157	지역가입자
57세	2052년	0	2,615	2,013	23.0%	168	지역가입자
58세	2053년	0	2,798	2,154	23.0%	180	지역가입자
59세	2054년	0	2,993	2,305	23.0%	192	지역가입자
60세	2055년	0	3,203	2,466	23.0%	206	지역가입자
61세	2056년	0	3,427	2,639	23.0%	220	지역가입자
62세	2057년	0	3,667	2,824	23.0%	235	지역가입자
63세	2058년	0	3,924	3,021	23.0%	252	지역가입자

배당성장 전략의 단점, 하지만 미래가 장밋빛이기만 할까?

배당성장으로 미래를 준비하는 작전에도 단점이 있습니다. 주가수익률이 예금이자처럼 보장되거나 일정하지 않은 것처럼 연평균 배당성장률도 마찬가지입니다. 시기에 따라 매년 8%씩 배당성장할 때도 있고, 어떨 때는 12% 성장했다가 그다음 해에는 3%에 그칠 때도 있죠.

많은 배당투자자가 사랑하는 SCHD만 봐도 이런 현상을 확인할 수 있습니다. 최근 10년간의 SCHD 연평균 배당성장률을 계산해 보면 10%가 넘습니다. 하지만 다음 표처럼 연도별로 끊어보면 변동성이 상당합니다.

2019년은 배당금이 전년보다 19.8% 늘어났지만, 2023년은 3.8%밖에 성장하지 못했습니다. 그동안 아무리 낮아도 7%는 됐었기 때문에 2023년 배당성장률은 많은 투자자에게 충격적이었습니다. 2024년에는 다시 12.23%로 회복되긴 했지만요.

2023년 당시 SCHD는 배당금뿐만 아니라 주가수익률도 높지 않았습니다. 그 결과 많은 투자자가 SCHD를 떠났어요. 미래는 어떻게 될지 알 수 없고, 과거 배당성장률 차트에서도 볼 수 있듯이 투자 시기에 따라 연평균 배당성장률은 조금씩 다릅니다. 그래서 배당성장 전략 중심으로 투자계획을 짠다면 배당성장률을 보수적으로 잡아야 합니다.

예를 들어 SCHD 연평균 배당성장률이 10%라면 7~8% 수준으로 낮춰서 시뮬레이션해 보는 것이죠. 물론 앞으로도 10% 넘게 유지될 수도 있습니다. 하지만 장밋빛 전망으로 투자계획을 짜면 조금만 잘못돼도 흔들릴 수 있기 때문에, 저는 어떤 계획이든 보수적으로 접근합니다.

절약만으로는 1달에 390만 원씩 모아야 내가 원하는 목표에 도달합니다. 그런데 복리의 마법을 이용하면 한 달 투자금이 220만 원만 돼도 같은 목표에 도달할 수 있습니다. 하지만 배당금에 복리의 마법이 발동되려면 최소 10년이라는 투자기간이 필요합니다. 너무 늦지 않게 처음 시작할 때부터 배당성장률을 낮게 잡고 투자계획을 짜길 바랍니다.

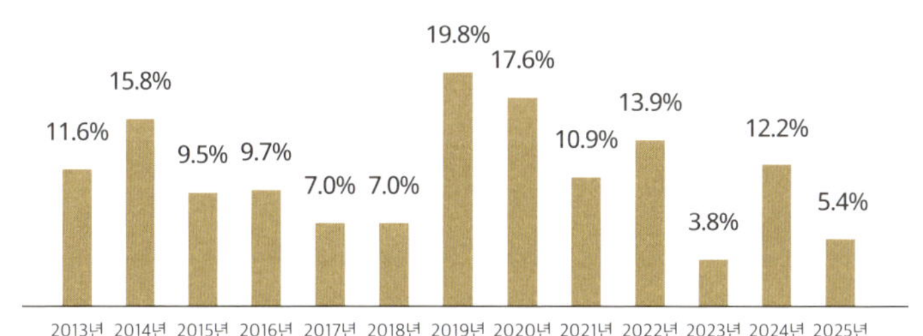

전략 3.
절세계좌를 이용해
세금 줄이기

앞에서 2가지 전략을 살펴봤습니다. 하나는 시세차익으로 총자산을 불린 후 배당금을 받는 전략, 다른 하나는 배당금과 배당성장률에 집중해 꾸준히 모아가는 전략이었습니다. 직접 계획을 세워 보며 나한테 필요한 투자금을 계산해 보니 어떤가요? 누군가는 '이 정도면 해볼 만하다'라고 느꼈을 것이고, 또 다른 누군가는 '이걸 어떻게 모으지?' 하고 막막함을 느꼈을 수도 있습니다.

하지만 목표 배당금까지 필요한 투자금을 줄일 비장의 방법이 하나 더 있습니다. 대한민국에서만 제공되는 절세계좌인 연금저축펀드, IRP, ISA를 활용하는 것입니다. 앞서 설명한 2가지 시나리오는 모두 일반계좌 기준으로 작성되었습니다. 그래서 배당소득세나 건강보험료도 일반계좌의 과세 기준을 따랐죠. 하지만 절세계좌는 '절세'라는 이름처럼 세금을 줄여주는 계좌입니다. 내야 할 세금이 줄어들면 목표 금액을 달성하기 위해 모아야 할 투자금도 줄어듭니다.

절세계좌인 연금저축펀드, IRP, ISA에 대한 설명은 단순하지 않기 때문에 뒤에 따로 정리하겠습니다. 절세계좌에 대해 알고 있는 사람이라면 당장 전략이 궁금할 테고, 모르는 사람은 시간을 들여야 할 부분이라 그렇습니다.

연금계좌라고 해서 투자계획이 달라지진 않습니다. 기본적으로 '시세차익으로 목표자산 확보 후 배당주 투자'와 '배당성장과 배당주 투자를 통한 목표 배당금 달성' 2가지 방법 모두 가능합니다. 각각의 장단점은 앞에서 설명한 일반계좌와 동일합니다. 차이점이라면 일반계좌보다 세율이 줄어든다는 것입니다. 같은 돈을 투자해도 연금계좌를 이용하는 게 훨씬 이득이라는 뜻이죠.

절세계좌의 주가수익 전략

시세차익 투자계획은 기본적으로 일반계좌와 같습니다. 하지만 절세계좌는 세율이 더 낮아서 목표 배당금이 같아도 필요한 투

		연평균 수익률						
		4%	5%	6%	7%	8%	10%	15%
월납입금액 (단위: 만 원)	50	1.9%	2.1%	2.4%	2.8%	3.2%	3.9%	9.6%
	60	2.4%	2.6%	3.0%	3.3%	3.7%	5.5%	10.7%
	70	2.8%	3.2%	3.4%	3.9%	4.8%	7.2%	12.0%
	80	3.2%	3.4%	3.9%	5.2%	6.2%	8.8%	13.8%
	150	7.4%	8.2%	8.9%	10.9%	12.6%	13.1%	16.5%
	180	8.6%	9.4%	10.2%	12.3%	13.9%	15.3%	16.5%
	200	9.4%	10.1%	11.8%	13.3%	16.4%	16.5%	16.5%
	250	10.8%	11.6%	13.3%	14.8%	16.1%	16.5%	16.5%

자금이 줄어들 수밖에 없습니다. 앞에서 소개했던 일반계좌 투자 계획 시트와 비교해 보면 확실히 차이가 납니다.

일반계좌 기준으로는 월 150만 원씩 투자하면 연평균 수익률 9%로 20년 투자해야 세후 월 389만 원의 배당금이 완성됩니다. 하지만 연금계좌에서는 월 130만 원씩 연평균 수익률 9%로 투자해도 세후 월 391만 원의 배당금이라는 시스템을 완성할 수 있습니다. 한 달 투자금이 20만 원이나 줄었는데, 목표 배당금 월 200만 원(20년 후 361만 원)을 충분히 달성할 수 있는 거죠.

단, 연금계좌 투자계획을 세울 때 한 가지 주의해야 할 것이 있습니다. 바로 '연간 납입한도'입니다. 연금계좌의 연간 납입한도는 1,800만 원입니다. ISA까지 고려해도 최대 3,800만 원이죠. 물론

3,800만 원을 12개월로 나누면 월 317만 원 수준입니다.

한 달 투자금으로는 매우 넉넉한 한도지만 일반계좌와 달리 한도가 있다는 점을 반드시 기억하세요. 0원부터 모아간다면 상관없습니다. 하지만 처음부터 어느 정도 목돈을 가지고 절세계좌 배당투자로 은퇴를 계획한다면 답답할 수 있습니다. 1억을 가지고 있어도 이 돈을 절세계좌에 한 번에 입금할 수 없으니까요. 1년에 3,800만 원씩 총 3년에 걸쳐 입금해야 합니다.

연금계좌를 이용한 시세차익 투자로드맵 계산기

투자기간	20년
월목표	200만 원
원금	만 원

한달 생활비	미래 생활비	물가상승률(연)	시가배당률
200	361	3.0%	6.0%

20년 목표 시간		연평균 수익률 효율						
		4%	5%	6%	7%	8%	9%	15%
월납입금액 (단위: 만 원) 규모	50	90	101	113	127	143	162	343
	60	108	121	135	152	171	192	406
	70	125	140	157	176	198	221	467
	130	224	249	278	311	348	391	823
	150	256	284	317	354	398	448	949
	180	303	337	375	420	468	522	1,139
	200	333	371	414	462	512	571	1,266
	250	410	456	503	558	622	702	1,582

절세계좌의 배당성장 전략

배당성장률을 이용한 장기투자 계획도 기본 흐름은 일반계좌와 동일합니다. 차이점이라면 연금계좌가 더 낮은 세율을 자랑하기 때문에, 같은 돈을 투자하면 효율이 더 좋다는 것입니다. 게다가 연금계좌는 매년 입금한 돈 중 900만 원까지는 연말정산 세액공제 혜택도 받습니다.

만약 세액공제를 전부 받는다면 118만 8천 원~148만 5천 원까지 세금을 돌려받죠. 이 돈도 일반계좌나 ISA 계좌에 넣고 배당주를 추가로 매수할 수 있습니다. 연금계좌는 들여다볼수록 노후나 은퇴 준비하는 사람에겐 필수 금융 아이템이라고 생각합니다. 배당성장 투자로드맵은 같은 조건으로 일반계좌와 연금계좌를 동시에 비교할 수 있도록 제작했습니다.

연금계좌를 이용한 배당성장 투자로드맵 계산기

연 투자금	1800	<--입력
시가배당률	3.5%	<--입력
배당성장률	8.0%	<--입력

단위 : 만원

일반계좌

만 나이	연도	연 투자금	연 배당금 (세전)	연 배당금 (세후)	세율	절배당금 (세후)	
36세	2026년	1,800	63	54	15.0%	4	직장가입자
37세	2027년	1,800	133	113	15.0%	9	직장가입자
38세	2028년	1,800	211	179	15.0%	15	직장가입자
39세	2029년	1,800	297	252	15.0%	21	직장가입자
40세	2030년	1,800	392	333	15.0%	28	직장가입자
41세	2031년	1,800	498	423	15.0%	35	직장가입자
42세	2032년	1,800	616	523	15.0%	44	직장가입자
43세	2033년	1,800	746	634	15.0%	53	직장가입자
44세	2034년	1,800	891	756	15.0%	63	직장가입자
45세	2035년	1,800	1,052	894	15.0%	75	직장가입자
46세	2036년	1,800	1,231	1,046	15.0%	87	직장가입자
47세	2037년	1,800	1,429	1,214	15.0%	101	직장가입자
48세	2038년	1,800	1,649	1,401	15.0%	117	직장가입자

연 투자금	1800	세액공제	13.2%	<--입력
시가배당률	3.5%	배당률 GAP		<--입력
배당성장률	8.0%	배당성장 GAP		<--입력

연금계좌

연도	연 투자금	연 배당금 (세후)	세액공제	연 배당금 (유리한 세후)	과세액	과세액 -크레딧	지방세	세율	월배당금 (세후)
2026년	1,800	54							
2027년	1,879	115	79						
2028년	1,879	184	79						
2029년	1,879	260	79						
2030년	1,879	344	79						
2031년	1,879	438	79						
2032년	1,879	542	79						
2033년	1,879	658	79						
2034년	1,879	785	79						
2035년	1,879	928	79						
2036년	1,879	1,085	79						
2037년	1,879	1,260	79						
2038년	1,879	1,455	79						

계좌별로 세금 차이가 얼마나 나는지 차트로 정리해 봤습니다.

매월 150만 원씩 20년 투자합니다. 일반계좌에서는 SCHD에, 연금계좌에서는 SCHD와 같은 지수를 추종하는 SOL 미국 배당 다우존스에 투자하다가, 만 55세가 되는 20년 후부터는 매년 나오는 배당금으로만 생활한다고 가정해 보겠습니다. (둘 다 20년 동안 배당재투자)

20년 후 일반계좌 세후 월 배당금은 271만 원이고, 연금계좌는 286만 원이 됩니다. 계좌만 다르고 투자방법은 같은데 실제로 쓸 수 있는 배당금은 연금계좌가 더 많습니다. 시간이 흘러 배당금이 점점 커질수록 세율 차이는 점점 더 벌어집니다. 일반계좌는 배당금 총액에 따라 계속 증가하지만, 연금계좌는 세율 16.5%가 최대입니다. 배당금을 아무리 많이 받아 연금으로 인출해도 말이죠.

심지어 일반계좌는 배당금을 받아서 생활비로 인출하지 않아도 세금과 건보료가 부과됩니다. 반면 연금계좌는 연금으로 인출하지 않으면 계좌로 들어오는 배당금에는 세금과 건보료가 부과되지 않습니다. 만약 생활비로 쓰고 남는 배당금이 있다면 배당 ETF를 추가로 매수해서 배당금을 늘려도 됩니다.

원래 같은 조건이라면 20년 후 연금계좌와 일반계좌 차이는 50만 원이 넘었었습니다. 하지만 2025년 세법이 개정되면서 절세계좌에서 받는 국내상장 미국 ETF 배당금도 15% 세금을 떼고 들어오는 것으로 바뀌었습니다. 이전까지는 미국에서 원천징수된 배당소득세 15%를 한국 국세청에서 환급해 줬기 때문에 절세계좌 혜택이 컸지만, 이 부분이 사라진 겁니다.

다만 연금계좌 배당금에 15% 세금을 이미 뗀 상태에서, 연금수령 시 세금을 한 번 더 떼면 이중과세가 됩니다. 그래서 정부에서는 2025년도에 이미 세금을 낸 배당금에 대해서는 추가 세금이 발생하지 않도록 '공제 크레딧'이라는 제도를 도입했습니다. 2026년부터 정식으로 적용된다고 합니다. 공제 크레딧은 원천징수된 배당소득세에 공제율을 곱해 계산합니다. 이 공제율은 국내 세율을 9%, 외국납부세율을 14%로 일괄 적용하여 산출합니다. 이를 적용하면 약 55.3% 수준이 됩니다. (공제율 = 9% ÷ 14% - 9%)

이렇게 확보한 크레딧은 배당금을 받을 때마다 쌓아둡니다. 이후 중도인출이나 연금수령 시 발생하는 세금에서 크레딧만큼 차감합니다.

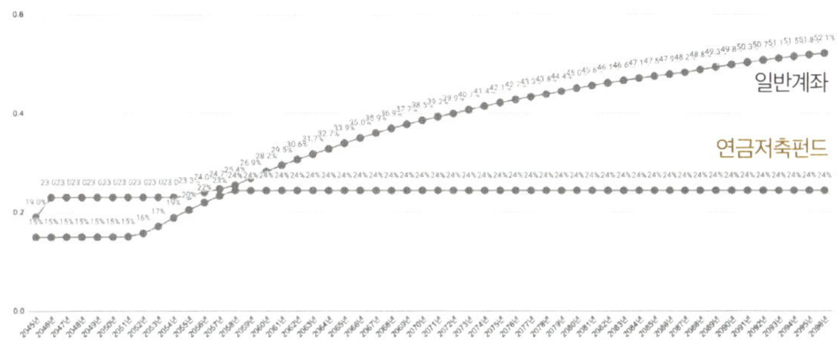

계좌별 투자 가능한 ETF		
기초지수	일반계좌	연금계좌
S&P 500	VOO	TIGER 미국 S&P 500
나스닥 100	QQQ	TIGER 미국 나스닥 100
Dow jones US Dividend 100	SCHD	TIGER 미국배당 다우존스

* 대표상품으로 1개씩만 적어뒀습니다. 실제로 상장되어 있는 ETF는 더 많습니다.

주가수익 전략 vs
배당성장 전략, 정답은?

주가수익과 배당성장 전략 중 어떤 방법이 더 좋을까요? 생각한 게 맞아요. 정답은 없습니다. 사람마다 성격이 다른 것처럼 투자자 성향에 따라 나에게 더 잘 맞는 방법을 선택하면 됩니다. MBTI가 무엇인지에 따라 잘 맞는 직업이나 대화법이 있는 것처럼 말이죠. 그래도 투자방법을 선택할 때 도움이 되도록 어떤 기준을 가지면 좋은지 각각의 장단점을 이야기해 보겠습니다.

기준 1: 은퇴까지 남은 예상 투자기간

은퇴까지 최소 10년 이상 남았다면 둘 중 어느 방법이든 상관없다고 생각합니다. 하지만 은퇴까지 남은 기간이 10년 이내라면 '배당성장을 통한 목표 배당금 만들기' 전략이 조금 더 적합합니다. 주가수익 전략의 가장 큰 단점은 주가변동성이 크다는 점이기 때문입니다. 이 단점은 10년 이상의 긴 투자기간으로 극복할 수 있습니다. 투자기간이 길어질수록 손실 볼 확률이 줄어듭니다.

다음 표는 S&P 500 지수의 투자기간별 손실확률을 정리한 자료입니다. 투자기간이 한 달이면 손실 볼 확률이 39.3%지만, 5년이면 19.5%, 20년이면 0.1%입니다. 물론 한 달만 투자해도 손실 볼 확률이 돈 벌 확률보다 낮지만, 정말 운 나쁘게도 은퇴할 시점에 주식시장이 하락장일 수 있으니까요.

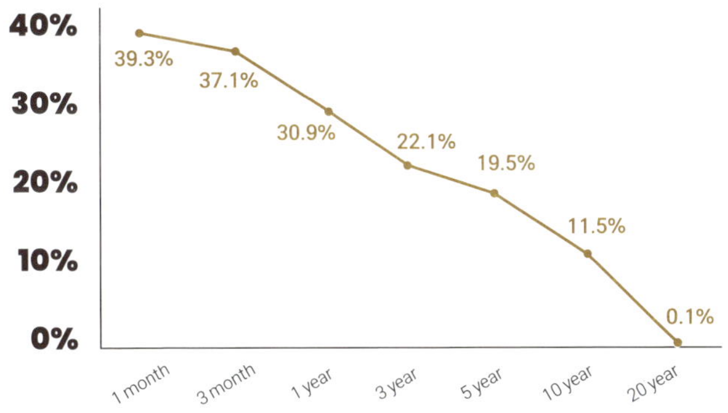

Source: Monevyries Robert Shiller, Schroders, data 1871-2020 for S&P 500

만약 이런 일이 벌어진다면 은퇴 계획이 다 꼬일 수 있습니다. 만약 은퇴 시점에 2025년 4월 초 트럼프 대통령이 관세전쟁을 선포해서 주가가 급락하는 것 같은 상황이 벌어진다면 정말 아찔할 수밖에 없습니다. 그래서 주가수익 전략으로 총자산을 늘리려고 계획한다면 최소 10년 이상의 투자기간 확보는 필수입니다.

반면 배당성장 전략은 주가보다 변동성이 확실히 낮습니다. 종종 배당금이 삭감될 수도 있지만요. 특히 한국 주식에 투자해 본 경험이 많다면 뜬금없이 그동안 지급했던 배당금을 올해는 주지 않거나 확 줄인다는 공시를 자주 봤을 겁니다. 반면 주주친화 정책에 진심인 미국 주식은 배당금 삭감이나 중단을 매우 큰 문제로 인식합니다. 배당금 변동성이 크지 않다고 말하는 이유가 이것입니다.

기준 2: 투자 경험 유무

투자 경험이 적은 사람이라면 은퇴까지 시간이 많이 남았더라도 주가수익 전략보다 배당성장 전략을 추천합니다. 그 이유는 앞에서 언급한 '변동성' 때문입니다. 투자 경험이 아예 없거나 적은 돈으로만 해봤다면 주식의 높은 변동성 앞에서 심리적으로 흔들릴 가능성이 매우 높습니다.

2020년 코로나 팬데믹이나 2022년 하락장처럼 끝없이 떨어지는 주식을 보면서 안 팔고 버티기란 절대 쉽지 않습니다. 저도 이때는 '더 떨어질 것 같은데 팔아야 하나?', '이번 달은 매수하지 말고 조금 더 기다려볼까?'라는 생각이 들 정도였습니다.

반대로 주식시장 분위기가 너무 좋아서 매일매일 신고가여도 걱정이 됩니다. 너무 많이 오른 느낌이라 '이 타이밍에 한 번 팔면 좋겠다'라는 생각이 들기 때문이죠. 주가가 떨어지면 더 떨어질 것 같아서 팔고, 주가가 오르면 이제 곧 떨어질 것 같아서 팔게 됩니다. 이처럼 '높은 주가변동성'은 투자 경험이 적은 사람에겐 큰 스트레스로 다가옵니다.

반면 배당금은 앞에서 이야기했듯이 주가만큼 변동성이 크진 않습니다. 결정적으로 배당투자는 정해진 날짜에, 정해진 금액이 내 계좌에 들어옵니다. 금액이 많든 적든 월급 말고 계좌에 돈이 들어온다는 사실이 배당투자를 더욱 열심히 하게 만드는 원동력이 됩니다. 특히 회사에서 일하고 있을 때 배당금 입금 알람 카톡을 보면 두 배로 기분이 좋습니다.

게다가 배당투자는 정말 간단한 구조입니다. 주식을 많이 가지고 있을수록 배당금이 많이 나옵니다. 여윳돈이 생길 때마다 배당주를 사면 당장 다음 달, 그다음 달 받게 될 배당금이 늘어나죠. 내가 노력하는 만큼 배당금이 늘어나는 정직한 구조라서 오히려 주식 가격이 하락하면 더 좋다는 인식도 생깁니다. 배당주를 더 싸게 살 수 있으니까요.

또 주가는 투자자 노력으로 끌어올릴 수 없지만 배당금 늘리기는 가능합니다. 부업이나 직장 일을 열심히 해서 연봉을 끌어올리면 주식을 더 살 수 있습니다. 생활비를 아껴서 투자금을 늘릴 수도 있고요.

배당투자의 또 다른 장점은 매월 늘어나는 배당금을 두 눈으로 직접 볼 수 있다는 것입니다. 투자금이 늘어날수록 즉 주식 수가 늘어날수록 배당금도 늘어나는 구조라, 매월 조금씩이라도 배당금이 늘어나는 차트가 완성됩니다.

이렇게 기록하면서 투자하면 내가 조금씩 성장하고 있고, 맞는 방향으로 가고 있다는 믿음이 생깁니다. 투자 경험이 적은 사람에게 배당투자를 권하는 이유이기도 합니다. 배당주/ETF를 모아가면서 어느 정도 주식투자에 적응되었다면 조금씩 다른 방법도 시도해 보는 식으로 투자를 확장해 나가면 됩니다.

은퇴가 코앞인 50, 60대의
배당투자 전략

앞에서 배당금에 복리의 마법이 발동되려면 최소 10년 이상의 시간이 필요하다고 말했습니다. 문제는 은퇴 시점이 가까워질수록 투자계획을 바꾸거나 잘못된 부분을 메꿀 시간이 부족하다는 것입니다. 이 시점에 할 수 있는 일은 투자금을 늘리는 방법뿐인데, 안타깝게도 이 역시 쉽지는 않습니다. 10~20만 원 정도야 절약하면서 추가로 투자할 수 있겠지만, 은퇴가 얼마 남지 않은 시점이라면 이 정도 투자금으로는 드라마틱한 막판 뒤집기는 솔직히 현실적이지 않습니다.

이 책을 통해 1~2년 안에 은퇴를 앞둔 50, 60대 직장인이라면 어떻게 투자하면 좋을지 답해보겠습니다. 정답은 아니니 참고만

하세요. 시간이 부족하니 투자를 통해 자산을 크게 늘리는 전략은 넣지 않았습니다. 은퇴까지 10년 정도 시간이 남았다면 다른 접근이 필요합니다.

은퇴를 앞두고 '어떤 종목에 투자하면 좋을지', '자산을 얼마나 모아야 하는지' 등의 질문을 자주 듣습니다. 이런 질문에 선뜻 답하기는 어렵습니다. 왜냐하면 사람마다 필요한 생활비, 모아둔 자산, 현재의 소득과 지출 상황이 모두 다르기 때문입니다. 그래서 노후 준비를 제대로 하려면 최소한 2가지, 한 달 생활비와 투자할 수 있는 총자산은 스스로 정확히 알고 있어야 한다는 조건이 필요합니다. 이 2가지가 정해져야 필요한 배당률이 얼마인지, 어떤 투자 수단이 현실적인지 파악할 수 있으니까요.

예를 들어 "배당률 6%짜리 ETF 중 안정적인 건 뭐가 있을까요?" 혹은 "5억 원을 가지고 연 4천만 원 배당금을 목표로 하는데, 세금이나 건보료를 줄이는 방법이 있을까요?"라는 질문을 해야 구체적인 답이 나옵니다. 구체적인 준비 과정을 단계별로 소개하겠습니다.

1단계: 은퇴 후 한 달 생활비 구체적으로 계산하기

가장 먼저 해야 할 일은, 은퇴 후에 매달 얼마가 필요한지 구체적으로 계산하는 일입니다. 혼자 살든 부부든 숨만 쉬어도 나가는 고정비가 얼마인지, 외식이나 여행 같은 변동비는 얼마인지를 기록하세요.

1년 치 소비 내역을 써보면 본인의 소비 습관도 점검할 수 있고, 실제 필요한 금액도 더 명확해집니다. 저는 대학생 때부터 가계부를 써왔기 때문에 이 부분은 쉽게 파악했는데요. 현재 기준으로 저희 부부는 한 달 250만 원이면 충분하고, 특별한 일이 없는 달은 200만 원도 안 나갈 때가 많습니다. 자녀 유무, 건강 상태, 주거 형태 등에 따라 다르니 반드시 본인 상황에 맞게 계산해야 합니다.

혹시 월세나 알바 수입, 연금 같은 정기 소득이 있다면 그 금액은 생활비에서 빼주면 됩니다. 예를 들어 매달 250만 원이 필요한데 월세로 50만 원을 받고 있다면, 배당금으로 만들어야 할 현금흐름은 200만 원이 되는 식입니다.

2단계: 투자할 수 있는 금융자산 총액 파악하기

다음은 내가 은퇴 직전에 사용할 수 있는 금융자산이 얼마나 되는지를 계산합니다. 예·적금, 주식, 펀드, 연금, 퇴직금, 그리고 앞으로 남은 기간 동안 저축 가능한 금액까지 다 포함해서 계산해야 합니다.

1인 가구는 본인만, 부부라면 합산해서 계산하면 되겠죠. 현재 총자산과 부채, 금융자산이 얼마인지 정리해 보면, 내가 현실적으로 어떤 포트폴리오를 구성할 수 있는지 감이 잡힐 겁니다. 저도 매월 마지막 날 아내와 함께 자산 상황을 정리하고, 목표 달성 추세를 점검하고 있습니다. 부부가 함께 같은 목표를 향해 달리다 보니 자산이 불어나는 속도도 더 빨라졌어요.

3단계: 현실적인 배당률로 투자계획 짜기

필요한 생활비와 현재 자산이 정해졌다면 어떤 배당률을 목표로 해야 할지 계산할 수 있습니다. 예를 들어 부부 총자산이 5억 원이고, 목표 월 생활비가 250만 원이라고 가정하겠습니다. 이 경우라면 연 4천만 원(월 333만 원)의 배당소득이 필요합니다. 세금과 건보료까지 고려하면 세후 월 250만 원을 만들기 위해 배당률 8% 정도가 필요하다는 계산이 나옵니다.

배당금 투자계획 시트는 배당성장률을 통한 배당금 키우기가 핵심입니다. 하지만 애초에 배당률이 높은 주식을 모아가는 방법으로 시뮬레이션할 수도 있습니다. 20년 이상 일할 수 있는 20대, 30대와 다르게 은퇴까지 남은 시간이 그리 많지 않은 50대 이상의 투자자라면 배당성장률보다 시가배당률 자체가 높은 종목에 투자하는 게 유리한 선택지일 수 있습니다.

나만의 배당금 로드맵 - 배당금 투자계획 시트

4단계: 부부 절세 전략 활용하기 - 일반계좌 vs 연금계좌

예를 들어 남편 명의 일반계좌로 미국 배당금 4,800만 원을 받으면, 배당소득세(15%)와 건강보험료(8%)가 붙어서 약 1,104만 원이 빠져나갑니다. 세후 배당금은 3,697만 원이고, 월로 나누면 약 308만 원입니다.

하지만 부부가 각자 명의 계좌로 배당금을 나누어 받으면 절세가 가능합니다. 남편이 3,800만 원, 아내가 1,000만 원씩 배당금을 받는 전략을 짜볼 수 있습니다. 그럼, 아내 배당금은 건보료 부과 대상이 아니기 때문에 전체 비용이 줄어듭니다. 이 경우 세후 월 배당금은 약 315만 원입니다. 혼자서 배당금으로 4,800만 원을 받을 때보다 세후 월 배당금이 늘어나죠.

연금계좌를 이용해서 투자하고 여기서 나오는 배당금을 생활비로 인출한다면, 세후 월 배당금은 더욱 늘어납니다. 남편 명의 연금계좌에서 단독으로 연 4,800만 원을 받으면 세후 월 361만 원 이상 받을 수 있고, 부부가 각각 연금계좌로 2,400만 원씩 나눠 받으면 세후 최대 383만 원까지로 늘어납니다. 추후 절세계좌 이중과세 문제가 해결되면 세후 월 배당금은 더 늘어날 겁니다.

남편 명의 계좌에서 혼자 4,800만 원을 연금으로 받을 경우				
소득	세전 연간 수령액	연금저축펀드(종합소득세)		
		세금	건보료	총비용
남편	4,800	472	-	472
		9.8%	0.0%	9.8%
아내	-	0	-	0
		0.0%	0.0%	0.0%
총합	4,800	361		

남편과 아내가 각각 2,400만 원씩 나눠서 연금으로 받을 경우				
소득	세전 연간 수령액	연금저축펀드(종합소득세)		
		세금	건보료	총비용
남편	2,400	105	-	105
		4.4%	0.0%	4.4%
아내	2,400	105	-	105
		4.4%	0.0%	4.4%
총합	4,800	383		

(단위: 만 원)

하지만 앞에서 계속 이야기했듯이 연금계좌는 미리 준비해야 합니다. 이렇게 좋은 연금계좌의 문제는 연간 납입한도입니다. 연간 1,800만 원밖에 넣을 수 없기 때문에 은퇴 직전에 급하게 넣는다고 해도 절세 효과를 크게 누리기 어렵습니다. 목돈을 가지고 있어도 절세계좌에 입금할 수 없기 때문이죠.

ISA 만기 자금을 연금계좌로 넘기더라도 연간 3,800만 원이 한도입니다. 그래서 절세계좌는 시간이 있을 때부터 꾸준히 채워야 합니다. 저도 2019년부터 꾸준히 연금저축과 ISA를 채워오고 있습니다.

결국 나한테 필요한 월 생활비와 보유 자산에 따라 목표 배당률이 정해지고, 그것에 맞게 투자전략이 결정됩니다. 필요 배당률이 4%면 SCHD 같은 안정적인 ETF로도 충분하고, 6~7%라면 JEPQ, QYLD 같은 고배당 ETF를 함께 검토해야겠죠.

배당률이 매우 높아야만 노후 생활비 충당이 가능한 상황이라면, 생활비를 줄이거나 다른 소득원(주택연금, 알바 등)을 고려해야 합니다. 이 시점에서는 선택과 집중이 필요합니다. 노후 준비는 정답이 있는 게임은 아니지만, 기본 원칙은 분명합니다. 내가 쓰는 돈보다 수입 현금흐름이 많으면 노후 준비는 끝이니까요.

막연한 투자 공부가 아니라 현실적인 도움이 되길 바라서 필요한 생활비와 투자금 계산방법을 이 책에 꼼꼼히 설명했습니다. 직접 계산해 보고 노후 자금 계획을 점검해 보길 권합니다.

초고배당주의 진짜 함정

50대 이후라면 고배당 ETF도 일부 검토해 보라고 말하긴 했지만, 정말 주의가 필요합니다. 은퇴 시기에 들어가면 고배당주에 대한 유혹이 커질 수밖에 없습니다. 20년 이상 일할 수 있는 20대, 30대와 다르게 은퇴까지 남은 시간이 그리 많지 않으니 배당성장률보다 시가배당률 자체가 높은 종목에 투자하는 게 유리한 선택지일 수도 있습니다.

고배당 미국 주식에 투자한다고 가정해 볼게요. 시가배당률 8%, 연평균 배당성장률 2% 기준, 매년 2,640만 원(매월 220만 원)을 투자한다면 13년 후 세후 월 배당금은 296만 원이 됩니다. 보수적으로 계산하기 위해 연간 배당금이 천만 원이 넘었을 때 내야 하는 건강보험료 8%까지 추가한 결과입니다. 다음 페이지 자료를 확인하면 확실히 배당률이 8%인 주식에 투자하면 배당금이 팍팍 느는 것이 보이죠.

물가상승률 3% 기준, 현재 200만 원 가치는 13년 후 294만 원이 됩니다. 그리고 고배당 주식을 매월 220만 원씩 13년 동안 투자하면 세후 월 배당금은 296만 원이 됩니다. 목표 월 배당금 200만 원을 투자 13년 만에 뛰어넘는 거죠. 똑같이 매월 220만 원씩 투자해도 SCHD에 투자하면 목표까지 20년이 걸립니다. 13년 후를 보면 세후 월 배당금이 153만 원으로 고배당주와의 차이가 상당하죠.

이게 다가 아닙니다. 연도별 배당금을 40년 후까지 시뮬레이션해 보면 고배당 주식에 꾸준히 투자하는 게 SCHD처럼 배당성장주를 모아가는 것보다 세후 월 배당금이 더 많다는 결과가 나옵니다. 실제로 많은 배당투자자가 처음부터 배당금이 많이 나오는 고배당 주식/ETF에 투자합니다. 투자하자마자 적지 않은 배당금이 들어오는 만큼 이렇게 꾸준히 모으면 배당금으로 은퇴할 수 있겠다는 심리적 안정감도 생기고요.

"그럼 처음부터 고배당주에 투자하면 더 좋은 게 아닌가요?"

여기까지 듣고 나면 이런 질문이 나옵니다. 이렇게 좋은 걸 왜 자꾸 조심해야 한다고 하는 걸까요? 고배당주 투자의 단점은 크게 2가지입니다.

매월 220만 원을 똑같이 투자했을 때 13년 후 세후 배당금
- 고배당주: 배당률 8%, 배당성장률 2%　　**296만 원**
- SCHD: 배당률 3.5%, 배당성장률 8%　　153만 원

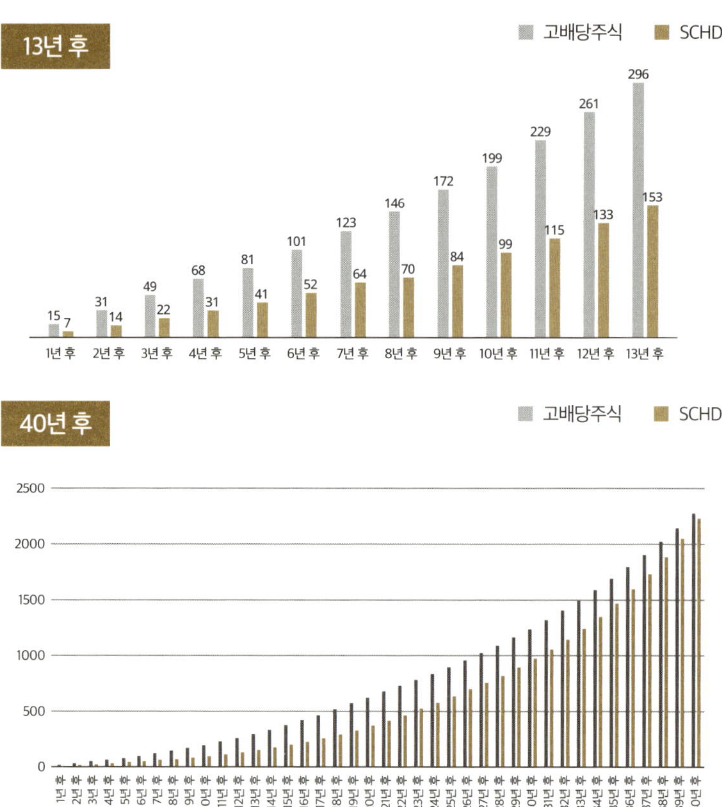

고배당주 투자의 단점 1: 은퇴 후 배당성장률

첫 번째는 은퇴 후 배당성장률입니다. 고배당주 투자는 목표 월 배당금까지 걸리는 시간을 확 줄여줍니다. 하나를 얻으면 하나를 잃는 게 세상 진리인 것처럼, 고배당주는 당장의 배당금은 많지만, 배당성장률은 낮은 편입니다.

물론 배당률도 높으면서 배당성장률도 높은 주식이 있지만, 대부분은 그렇지 않습니다. 배당금을 많이 주는 기업들은 이미 비즈니스가 성숙기에 접어들었기 때문에 돈을 안정적으로 벌지만 그만큼 성장성은 떨어집니다. 배당금을 크게 늘리기 어려운 재무구조죠. 미국 대표 통신사인 버라이즌(VZ)의 배당률은 6.56%로 상당히 높습니다. 반면 연평균 배당성장률은 1.98%입니다. 요즘은 물가상승률이 1년에 3%를 넘는다는 말이 나올 정도라 조금 아쉽죠. 배당금을 생활비와 딱 맞춰 세팅했다면 시간이 지날수록 생활비가 부족해질 수 있다는 의미니까요.

고배당주이면서 배당성장률도 물가상승률만큼 오르는 주식도 있습니다. '말보로' 브랜드로 유명한 담배회사 알트리아(MO)의 배당률은 8%가 넘습니다. 54년 연속 배당금을 지급하면서 심지어 조금씩 인상하는 대표적인 배당주죠. 연평균 배당성장률도 4%로 낮지 않습니다. 이처럼 개별종목으로 찾으면 진흙 속의 진주처럼 높은 배당률과 배당성장률 둘 다를 만족하는 주식이 있긴 하지만 많지는 않습니다. ETF도 마찬가지고요.

문제는 이런 종목을 찾아 꾸준히 투자하기가 만만치 않다는 데 있습니다. 은퇴 후 배당금만으로 생활할 계획이라면 안정성 때문에 아무래도 개별종목보다 ETF 투자를 선호할 텐데, 배당률도 높고 배당성장률도 오랫동안 꾸준히 잘 나왔던 종목은 거의 없습니다. 상장 후 몇 년은 성과가 좋아 많은 투자자의 관심과 사랑을 받았지만, 이후 배당금이 줄어드는 경우가 흔합니다.

2020년 5월 상장한 고배당 ETF인 JEPI도 초반에 투자자들의 많은 관심을 받았습니다. 하지만 상장 3년 차에 접어들면서 배당금이 줄어들기 시작하더니, 2023년에는 전년보다 20% 넘게 줄었습니다. 월급이 말도 없이 20% 넘게 줄었다고 상상해 보세요. 은퇴 후 정규소득이 없는 상황이라면 충격이 훨씬 클 겁니다.

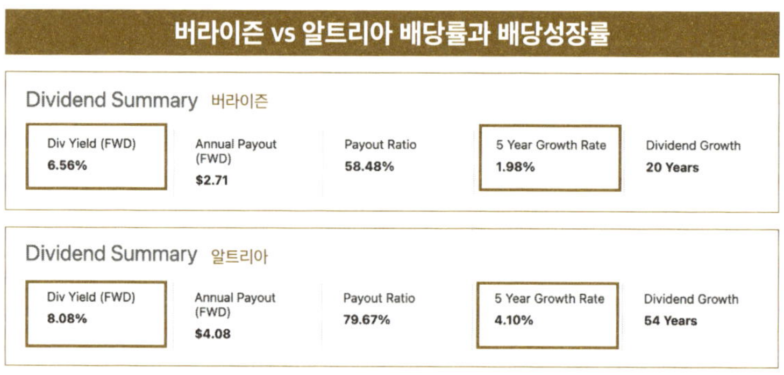

(출처: 시킹알파)

앞에서 예로 든 것처럼 13년 후에 세후 배당금 월 294만 원(현재 200만 원 가치) 계획을 달성했고, 이후에는 추가 투자금 없이 배당금만으로 생활한다고 가정해 보겠습니다. 배당성장률이 물가상승률 3%보다 1%p 낮으므로 시간이 지날수록 실제 사용할 수 있는 소득은 줄어듭니다.

반면 SCHD처럼 배당률은 조금 낮지만, 배당성장률이 높은 종목이라면 조금 다른 결과가 나옵니다. 똑같이 13년 차부터 추가 투자 전혀 없이 배당성장만 매년 8%씩 해줘도 시간이 지나면 오히려 물가상승률을 뛰어넘기 때문이죠. 물론 시간이 많이 필요하다는 단점은 여전하지만요.

그래서 은퇴까지 남은 기간이 얼마 없다고 판단된다면, 고배당주 중심으로 투자하면서 동시에 낮은 배당성장률을 커버할 수 있도록 조금 더 여유 있게 계획을 세우길 권합니다.

너무 걱정할 필요 없는 이유가 하나 더 있습니다. 직장 생활을 오래 했다면 사회 초년생과 달리 어느 정도 모아 놓은 돈이 있을 겁니다. 이 돈도 배당투자로 배당금을 늘려나가면 더 빠르게 목표 배당금에 도달할 수 있습니다. 제가 제시한 배당금 계산시트는 0원에서 시작한다는 조건입니다. 그러니 바로 투자할 수 있는 종잣돈이 있다면 목표 달성 기간은 당연히 줄어듭니다. 당장 투자를 시작하지 않더라도 돈을 열심히 모아둬야 하는 이유입니다.

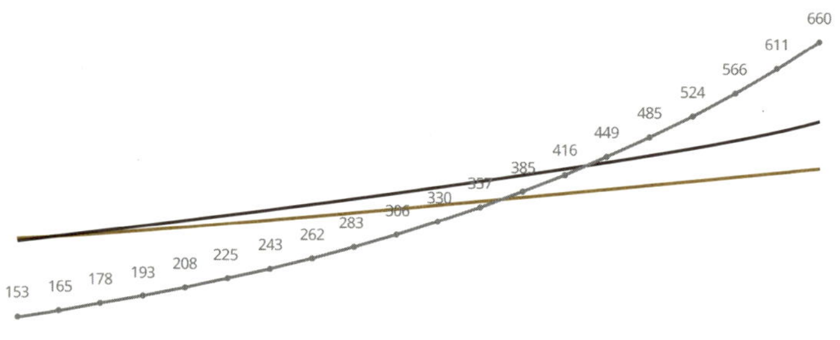

고배당주 투자의 단점 2: 배당삭감

보통 배당률이 8%, 10% 이상 높아지면 배당삭감 리스크도 커집니다. 고배당주는 무조건 배당삭감한다고 단정할 순 없지만 상대적으로 확률은 높습니다. 지금까지 그런 사례가 많았습니다. 많은 배당투자자와 은퇴자가 '국민주식'이라고 불렸던 AT&T가 대표적인 예입니다. 한때 시가배당률이 8%를 넘었던 AT&T 주식은, 회사 실적 악화와 함께 2022년에 결국 배당금이 22%나 삭감되었습니다.

AT&T 주식 배당금을 생활비로 쓰는 투자자라면 엄청난 위기입니다. 갑자기 월급이 22%나 줄어든 거나 마찬가지니까요. 미리 비상금을 많이 준비한 사람이라면 그나마 괜찮겠지만, 월급에 딱 맞게 소비하고 있다면 생활에 문제가 생길 수밖에 없습니다. 비상금이 없다면 의도치 않게 대출을 받아야 하는 상황입니다.

배당삭감(배당컷, Dividend Cut)은 단순히 배당금이 줄어드는 것 이상의 의미가 있습니다. 보통 고배당주 주가차트를 보면 상승보다는 하락하는 경향을 보입니다. 기업이 돈 버는 능력이 점점 떨어지면 배당금으로 줄 돈도 감소하고, 이는 자연스럽게 주가하락으로 이어집니다. 기업은 결국 '돈 버는 것'이 1차 목표입니다. 그런데 예전만큼 돈을 못 버니 기업가치를 나타내는 주가가 떨어지는 것이죠.

이런 식으로 주가가 떨어져서 배당률이 높아지면 배당금을 많이 주는 게 아닙니다. 배당을 많이 주는 것처럼 '보일' 뿐입니다. 1주당 배당금은 똑같은데 분모인 1주당 주가가 계속 떨어지면 자연스럽게 시가배당률이 올라가기 때문입니다.

물론 모든 고배당 주식에 이런 일이 생긴다는 건 아닙니다. 하지만 상대적으로 확률이 높으므로 무작정 시가배당률이 높은 종목에 투자하라고 권하지 못하는 겁니다. 저는 시가배당률 10%가 넘는 주식은 투자보단 공부의 개념으로 접근합니다. 제가 예시로 제시한 시가배당률 8%, 배당성장률 2%를 장기간 유지한 주식도 실제로는 찾기 매우 어려운 조건입니다.

시가배당률 = 1주당 배당금 ÷ 1주당 주가

2026년 절세계좌와
국내상장 미국 ETF
배당투자에 무슨 일이 생겼나?

이전에는 절세계좌인 중개형 ISA로 TIGER 미국 S&P500 ETF
에 투자해 배당금을 받으면 배당금 전액이 계좌에 입금되었습니
다. 정확히는 절세계좌로 미국 주식에 투자하면 미국에서 15% 원
천징수한 배당소득세를 국세청이 되돌려주는 방식이었죠. ISA 만
기 시점이 되면 배당금과 시세차익을 합산한 수익 전체에 대해
9.9%의 연금소득세만 내면 돼서 일반계좌보다 세금 부담이 훨씬
낮았습니다.

하지만 2025년부터는 다릅니다. 기재부는 "미국 현지에서 뗀
배당소득세를 국세청이 돌려주는 구조는 과도한 혜택이었다"라고
하면서, 2025년 1월 1일 자로 과세 방식을 변경했습니다.

이제 연금저축, IRP, 퇴직연금(DC), ISA를 포함한 모든 절세계좌에서 미국에서 원천징수한 배당소득세 15%를 돌려주지 않고 그대로 입금됩니다. 이 조치는 많은 투자자가 모아가는 국내 상장 미국 S&P500, 미국나스닥100, 미국배당 다우존스 같은 ETF 분배금에도 적용됩니다. 단, 커버드콜 ETF나 국내 주식으로 구성된 ETF, 채권 ETF 등은 원래대로 세금을 떼지 않고 그대로 들어옵니다.

문제는 이중과세입니다. 연금계좌는 본래 '지금은 세금을 미루고, 은퇴 후 연금으로 수령할 때 낮은 세율로 과세하겠다'라는 취지로 설계되었습니다. 그런데 2025년부터는 배당금을 받을 때 배당소득세 15%를 내고, 나중에 연금으로 받을 때 연금소득세를 한 번 더 내야 합니다. 결과적으로 2번 세금을 내는 구조인 거죠.

그럼, 절세계좌를 이용한 미국 주식 투자는 그만둬야 할까요? 이중과세로 세금을 더 낸다고 가정했을 때 실제 세후 월 배당금 차이를 계산해 보겠습니다.

예) 만 30세 서대리(2025년 기준)

- 투자금: 연간 600만 원씩

- 기간: 25년간 투자(연금 수령은 만 55세부터)

- 일반계좌 투자: SCHD

- 연금계좌 투자: 국내상장 미국 배당 ETF - TIGER 미국배당

다우존스(세액공제 적용)

- 시가배당률: 3.5%, 배당성장률: 연 7%
- 연금계좌 세액공제율: 13.2%

- 일반계좌의 세후 월 배당금: 약 160만 원
- 연금계좌의 세후 월 배당금: 약 181만 원

이전에는 연금계좌가 월 217만 원까지 받았으니, 이번 세금 변경으로 수익률이 감소한 것은 사실입니다. 하지만 수익률이 감소했을 뿐 여전히 구조적으로는 일반계좌보다 더 유리합니다.

일반계좌는 배당금이 많아질수록 종합과세 대상이 되며, 연 2,000만 원을 초과하면 근로소득 등 여러 소득과 합산해 세율이 최고 49.5%까지 올라갈 수 있습니다. 지역가입자라면 건강보험료도 추가로 부과됩니다. 반면 연금계좌는 세율이 3.3~5.5% 수준이고, 건강보험료 산정에 포함되지 않으며, 세액공제 혜택까지 받을 수 있습니다.

연금계좌와 ISA에 대한 이중과세 논란이 커지자, 기획재정부는 문제를 인식하고 금융투자협회 및 퇴직연금 사업자들과 함께 대책을 논의했습니다. 그렇게 나온 제도가 공제 크레딧입니다.

연금계좌로 들어오는 국내상장 미국 ETF 배당금(분배금)은

15% 세금을 떼고 들어옵니다. 이 15% 세금의 55.3%만큼을 공제 크레딧으로 계좌에 쌓아줍니다. 그러다가 세금 낼 일이 있으면 크레딧만큼 차감해 줍니다. 15% 배당소득세 환급은 더이상 받을 수 없지만, 이중과세는 발생하지 않도록 해결해 준 조치입니다. 절세계좌에 집중투자하는 사람에게는 조금 아쉬운 제도변경입니다. 하지만 ETF 투자자라면 여전히 일반계좌보다는 절세계좌 혜택이 더 좋으니 투자금을 집중할 필요는 있다고 생각합니다.

절세계좌에도 일반계좌처럼 배당소득세가 붙게 된 것은 분명 아쉬운 변화지만, 혜택이 더 줄어든다면 그때 가서 일반계좌나 다른 투자 수단으로 갈아타면 됩니다. 지금은 최대한 활용하는 것이 현명하게 보입니다. 제도 개선 여부를 주의 깊게 지켜보며 투자전략을 유연하게 조정하면 됩니다. 앞으로도 변화는 계속될 수밖에 없으니 제도와 세금 흐름을 이해하고, 적응하려는 노력이 필요합니다.

부록

20~30대 사회초년생

투자 목표 세팅,
나에게 잘 맞는 투자방법과 종목 찾기,
장기투자 습관 만들기

만약 제가 20대 후반, 30대 초 사회초년생으로 되돌아간다면 첫 번째 월급을 받은 날부터 연금저축펀드에서 국내상장 S&P 500, 나스닥, 미국배당다우존스를 매월 꾸준히 모아갈 겁니다. 대신 한 달에 50만 원, 100만 원씩 전력을 다하는 게 아니라 5~10만 원씩 크게 부담되지 않는 금액으로 투자를 시작합니다.

연금계좌는 일반계좌처럼 바로 인출이 어렵기 때문에 장기투자 습관을 만들기에 매우 좋은 제도입니다. 금액을 늘리는 투자는 월급도 늘어나고 결혼이나 출산, 주거 문제 해결 후에 시작해도 절대 늦지 않습니다.

투자가 처음이라면 금액부터 늘리지 말고 장기투자로 모아가는 습관을 만드는 게 좋습니다. 습관이 쌓이고 앞에서 이야기한 나만의 투자 로드맵이 완성되었을 때, 그때부터가 투자에 진심으로 접근할 시기입니다. 기초공사가 튼튼해야 건물이 무너지지 않고 오래 가는 것처럼 투자도 마찬가지입니다.

기초지수	종목	비고
S&P 500	KODEX 미국S&P 500	TIGER, ACE, SOL 등 자산운용사별 ETF 상장되어 있음
나스닥100	KODEX 미국나스닥100	
Dow Jones U.S Dividend 100	KODEX 미국배당 다우존스	

사회초년생이라면 결혼이나 출산, 내 집 마련 등 인생에 큰돈을 써야 할 이벤트가 앞으로 많이 예정되어 있습니다. 그래서 너무 무리하게 연금계좌를 이용하기보다 일반계좌 비중을 조금 더 높이는 쪽이 깔끔합니다. 일반계좌 투자 종목도 간단합니다. S&P 500 ETF인 VOO(SPY, IVV), 나스닥 ETF인 QQQ, 배당 ETF인 SCHD 위주로 매월 꾸준히 모아가면 됩니다.

20~30대는 투자할 수 있는 시간이 충분히 많이 남았고, 당장 투자금도 크지 않습니다. 너무 무리하게 배당금을 늘리는 것에 초점을 맞추면, 안정적인 배당주보다 극단적인 고배당주/ETF만 눈에 들어올 수 있습니다.

그래서 제가 만약 사회초년생으로 되돌아간다면, 연금계좌와 일반계좌에서 단순하게 S&P 500, 나스닥100, SCHD ETF를 매월 꾸준히 모아갈 겁니다. 투자는 이렇게 두고 내 연봉을 올리는 데 더 집중할 겁니다. 수입이 늘어날수록 투자할 수 있는 돈도 많아 지고, 결국 더 큰 수익으로 돌아오기 때문이죠.

> **투자 예시) 2030 투자자**
>
> 일반계좌: VOO, QQQ, SCHD 월적립 매수(생활비 빼고 남은 돈)
>
> 연금계좌: KODEX 미국S&P500, 미국나스닥100, 미국배당 다우존 스(월 5 ~ 10만 원 부담되지 않는 선)

본격적인 노후준비 시작단계

40대라면 본격적으로 노후준비를 시작해야 합니다. 특히 결혼이나 출산, 내 집 마련 등 인생에서 큰돈을 써야 할 이벤트가 끝난 분들이라면 '안정적인 노후 현금흐름 만들기'를 목표로 앞만 보고 달릴 때입니다. 2024년 통계청에서 발표한 자료에 따르면 국민 1인당 생애주기를 봤을 때 40대에 최대 흑자입니다. 소득이 가장 많은 나이대라는 뜻이죠. 61세부터 다시 적자 구간에 들어가니, 40대에 버는 소득은 더욱 열심히 배당금이 나오는 자산으로 바꿔야 합니다.

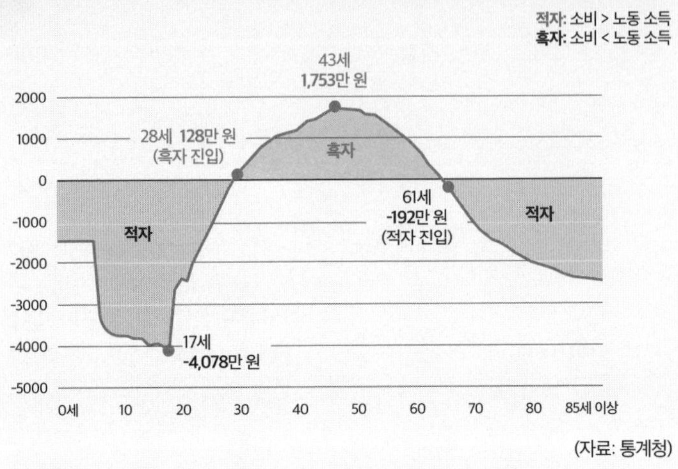

은퇴까지 남은 기간이 10년 내외라 20, 30대처럼 복리 효과를 극대화하긴 어렵습니다. 지금 가지고 있는 자산과 필요한 한 달 생활비가 얼마인지에 따라 다르지만, 시세차익 중심 투자보다 배당률 4% 이상인 ETF 중심으로 현금흐름을 늘리는 데 조금 더 집중하세요. 배당률이 3~4%인 SCHD를 메인으로 모아가면서, 각자의 투자 로드맵을 바탕으로 배당금이 부족하다면 JEPI나 JEPQ 같은 고배당 ETF를 추가로 확보해야 합니다.

그리고 이때부터는 연금저축펀드, 개인형 IRP, 중개형 ISA 같은 절세계좌를 더욱 적극적으로 이용해야 합니다. 절세 혜택이 늘면 같은 돈으로 받을 수 있는 세후 배당금이 늘기 때문이죠. 그렇게 할 수 있는 방법은 현실적으로 '절세계좌 투자'밖에 없습니다. 똑같이 1년에 4천만 원의 배당금을 받아 생활비로 쓴다고 가정할 때, 일반계좌 세율은 배당소득세 15%, 건보료 8%로 총 23%입니다. 반면 절세계좌는 15%입니다. (배당소득세 15%, 원천징수로 끝, 만 55세 이후 연금 수령 조건)

이제 절세계좌에서 받는 국내상장 미국 ETF 배당금도 일반 계좌처럼 15%의 세금을 떼고 들어옵니다. 다만, 공제 크레딧 덕분에 일정 금액까지는 추가 세금이 없습니다. 건강보험료는 문제 없고요. 절세계좌를 이용하지 않을 이유가 전혀 없죠. 다만 절세계좌는 1년 납입한도가 정해져 있으니 주의하세요. 연금계좌 연 1,800만 원, ISA 연 2,000만 원입니다. 납입한도 때문에 현금이 많더라도 절세계좌에 한 번에 입금할 수 없으니 매년 1순위로 입금하고 투자하는 것이 무엇보다 중요합니다.

만약 20, 30대처럼 S&P 500, 나스닥 ETF 중심으로 배당금과 시세차익을 동시에 노린다면 자산배분 투자가 필수입니다. S&P 500에 언제 투자해도 20년 이상 장기투자하면 손실 볼 확률은 0%였습니다. 하지만 10년 내외로 투자하다가 은퇴 시점에 매도하면 위험할 수 있습니다. 정말 재수 없게 2025년 4월 관세전쟁이나 2022년 같은 하락장이 내 은퇴 시점에 찾아올 수 있기 때문이죠.

그래서 40대 이상 투자자라면 채권과 금 ETF처럼 주식과 상호

보완할 수 있는 주식을 함께 모아가야 합니다. 채권과 금 ETF도 변동성이 적진 않지만, 주식이 떨어질 때 반대로 이 종목들은 상승하면서 보완하는 역할을 합니다. 자산배분이 복잡하다고 생각된다면 정말 간단하게 주식형 ETF + 예금(or 파킹형 ETF) 조합도 괜찮은 선택입니다.

> **투자 예시 1) 배당 ETF 투자 중심**
>
> 일반계좌: SCHD, JEPI, JEPQ
>
> 절세계좌: KODEX 미국배당다우존스, KODEX 미국배당다우존스타겟커버드콜
>
> **투자 예시 2) 자산배분 투자 중심**
>
> 일반계좌: VOO, SCHD, BND(채권 ETF), IAU(금 ETF), SGOV(단기채 ETF)
>
> 절세계좌: KODEX 미국S&P500, SOL 미국배당미국채혼합50, ACE KRX금현물, ACE 미국30년국채액티브, KODEX TRF3070, TIGER 미국초단기(3개월 이하)국채

가지고 있는 자본금으로
배당금 현금흐름 완성하기

50대라면 투자를 통해 자산 증식을 시도하기보단 지금까지 확보한 자본금으로 필요한 생활비 이상의 현금흐름을 만드는 방법에 집중해야 합니다. 물론 50대에도 왕성하게 일하면서 근로/사업소득 확보할 수 있다면 20~40대처럼 계속 투자로 불려 나가면 됩니다.

하지만 은퇴가 코앞이라면 투자로 한 방을 노리면 안 됩니다. 목돈을 잃으면 다시 채워 넣을 방법이 없으니, 이때부터는 정말 객관적으로 필요한 한 달 생활비가 얼마인지 계산해서 배당금 세팅을 해야 합니다.

40대까지는 조금 여유롭게 한 달 생활비 목표를 잡고 투자해도 됩니다. 투자로 불릴 기회도 남아있고, 소득도 꾸준히 들어오기 때문이죠. 하지만 50대는 소득이 사라지는 시점인 만큼 한 달 생활비를 더욱 현실적으로 잡아야 합니다. 어떻게 보면 어디에 투자할지보다 더 중요합니다. 이 관점에서 현재 보유 중인 자산으로 한 달 생활비만큼을 배당금으로 확보할 수 없는 상황이라면 어쩔 수 없습니다. 부족한 생활비만큼을 벌 수 있는 일자리를 알아봐야 합니다.

책에서도 자세히 설명했지만, 필요한 한 달 생활비가 250만 원이고 일반계좌 시가배당률 8%짜리 ETF 투자로 생활비만큼을 세후 배당금 받으려면 투자금으로 4억 8,700만 원 필요합니다.

만약 단기 일자리라도 한 달에 50만 원만 벌 수 있다면, 200만 원만 배당으로 받을 수 있는 현금흐름을 만들면 됩니다. 같은 조건으로 월 200만 원을 세후 배당금으로 받으려면 3억 8,960만 원이 필요합니다. 투자금이 1억 가까이나 줄어드는 효과입니다. 필요한 생활비를 줄이는 건 한계가 있기 때문에 수입을 늘리는 방법을 고민해야 하는 이유입니다.

만약 배당금만으로 생활비 확보가 어려운 상황이라면 주택연금과 국민연금 조기수령 활용이 하나의 선택지가 됩니다. 주택연금은 만 55세부터, 국민연금 조기수령은 60세부터 가능합니다. 각각 장단점이 있으니 무조건 신청하는 게 정답은 아니지만, 노후 현금흐름이 부족하다면 당연히 고려해야 합니다.

> 투자 예시) 50대
>
> 일반계좌: SCHD, JEPI, JEPQ
>
> 절세계좌: KODEX 미국배당다우존스, KODEX 미국배당 커버드콜 액티브, KODEX 미국상장 커버드콜 액티브

연금저축

오늘은 세금 돌려받고,
나중엔 연금 받자!

배당을 받을 때마다 세금이 빠져나갑니다. 그런데 어떤 계좌를 쓰느냐에 따라, 같은 금액을 받아도 실제로 손에 쥐는 돈이 달라지죠. 그래서 배당투자를 제대로 하려면 가장 먼저 '세금을 줄일 수 있는 투자 계좌'부터 알아야 합니다. 이번에는 배당투자에 자주 활용되는 연금저축, IRP, ISA 계좌의 특징과 차이점을 정리하고, 미국 배당주에 투자할 때 어떤 조합이 유리한지도 함께 살펴보겠습니다. 각 계좌 개념이 헷갈렸다면, 이번 기회에 확실히 정리해 보세요.

연금저축은 내가 직접 매달 돈을 넣고, 55세 이후 연금처럼 받는 장기 저축용 상품입니다. 직장인, 자영업자, 주부 등 만 19세 이상 대한민국 국민이면 누구나 가입할 수 있어요. 이 통장의 핵심은 바로 '세제 혜택'입니다.

첫째, 세액공제 혜택이 있습니다. 연간 최대 600만 원까지 세액공제를 받을 수 있고, 공제율은 소득에 따라 달라집니다. 근로소득(연봉)이 5,500만 원 이하면 16.5%, 초과면 13.2%가 적용됩니다.

예를 들어 연봉 5,000만 원인 사람이 연금저축에 400만 원을 넣었다면, 16.5%가 적용되어 66만 원을 환급받을 수 있는 셈이죠(400만 원 × 16.5%). 이 혜택은 매년 1~2월 연말정산 때 적용됩니다. 참고로 세액공제 한도는 IRP와 연금저축을 합산해 최대 900만 원까지입니다.

둘째, 만 55세 이후 연금 형태로 받으면 3.3~5.5%로 낮은 '연금소득세'가 적용됩니다. 종합소득세와는 별도로 과세되기 때문에, 다른 소득이 있어도 세금 부담이 크지 않습니다. 단, 중도인출하면 지금까지 받은 세제 혜택을 모두 반납해야 합니다. 연봉이 얼마든 상관없이 금액의 16.5%가 '기타소득세'로 부과되기 때문이죠.

연봉 5,500만 원이 넘어 세액공제 혜택으로 13.2%를 받았다면 중도인출 시 손해가 발생하니 돈이 정말 급한 게 아니라면 다른 방법을 찾아보세요. 증권사에서 연금저축펀드 담보대출도 제공하니 이 부분을 활용하는 방법도 있습니다.

예) 연봉이 5,000만 원인 직장인 A씨, 연금저축만 가입했을 때

- 매년 연금저축에 400만 원 납입(총 400만 원)

- 총급여가 5,500만 원 이하이므로 세액공제율 16.5%

- 400만 원 × 16.5% = 66만 원 절세(결정세액이 있어야 환급)

예) 연봉이 5,000만 원인 직장인 B씨, 연금저축 + IRP 조합

　　= 최대 절세 전략

- 매년 연금저축에 600만 원, IRP 300만 원 납입(총 900만 원)

- 총급여가 5,500만 원 이하이므로 세액공제율 16.5%

- 900만 원 × 16.5% = 148.5만 원 절세

세상일이 맘대로 안 되니 어떤 이유로 중도인출할 수도 있죠. 결론부터 말하면 중도인출해도 연금저축 계좌가 유리합니다. 연금저축을 만 55세 이전에 중도인출하면 만 55세 이후 연금으로 받는 것보다는 세금혜택을 덜 받는 건 맞습니다. 하지만 세율을 생각하면 금방 답이 나옵니다.

일반계좌에서 배당금을 받으면 배당소득세와 건보료를 합쳐 23%를 세금으로 내야 합니다. 하지만 연금계좌에서는 55세 이전에 중도인출해도 16.5%라는 상대적으로 낮은 세율이 적용됩니다. 중도인출 시 세금은 한 가지만 기억하세요. 세액공제 받지 않은

원금은 세금 없이 인출할 수 있고, 세액공제 받은 금액을 인출하면 16.5% 기타소득세가 붙는다는 것입니다.

예를 들어 서대리가 2025년에 연금저축에 총 800만 원을 납입한 후 만기 전 중도인출했습니다. 연금저축 세액공제는 단독 기준 최대 600만 원까지 가능하죠. 이때 나머지 200만 원이 '세액공제 받지 않은 원금'이고, 이 돈은 기타소득세 없이 그냥 인출할 수 있다는 뜻입니다.

예) 납입금액 800만 원

- 600만 원: 연금저축 세액공제 받음 ← 연말정산에서 환급받았으니 세금 환수 개념으로 16.5% 기타소득세를 내야 함

- 200만 원: 세액공제 받지 않은 원금 ← 중도인출해도 세금 없이 인출 가능

하지만 연봉 5,500만 원이 넘는 직장인이라면 더 신중하세요. 연말정산 환급을 위해 입금했다가 돈이 필요해서 중도인출하면 손해 보게 됩니다. 똑같이 600만 원을 납입했어도 공제율이 달라서 그렇습니다.

	연봉 5,500만 원 이하	연봉 5,500만 원 초과
납입금액	600만 원	600만 원
세액공제율	16.5%	13.2%
공제금액	99만 원 (600만 원 × 16.5%)	79만 2천 원 (600만 원 × 13.2%)
중도인출 시 기타소득세	99만 원(16.5%)	99만 원(16.5%)
차이	0원	19만 8천 원 손해

IRP(개인형 퇴직연금)

퇴직금 굴려서 세금 줄이고,
연금으로 받자!

IRP(Individual Retirement Pension 개인형 퇴직연금)는 퇴직금을 굴리거나 내가 추가로 저축해서 노후에 연금처럼 받을 수 있는 계좌입니다. 직장인은 물론 자영업자, 프리랜서, 공무원 등 소득을 증명할 수 있는 사람이라면 누구나 가입할 수 있어요. 이 통장의 핵심은 '세액공제 + 퇴직소득세 이연'이라는 2가지 절세 혜택입니다.

첫째, IRP는 연금저축과 합산해 연간 최대 900만 원까지 세액공제를 받을 수 있습니다. 예를 들어 연금저축에 600만 원을 넣었다면 IRP는 300만 원까지만 공제 대상이 됩니다. 공제율은 연금저축과 같습니다. 근로소득(연봉)이 5,500만 원 이하일 경우 16.5%, 초과 시 13.2%입니다. 예를 들어 총급여가 6,000만 원인 사람이 IRP

에 300만 원을 납입했다면 13.2% 공제가 적용되어 약 39만 6천 원을 절세할 수 있습니다.

둘째, IRP는 공식 퇴직금 통장이기도 합니다. 이제 법이 개정돼서 퇴직금은 무조건 IRP로 받아야 합니다. 퇴직금이 필요하다면 퇴직소득세를 내고 인출할 수 있지만, 당장 필요하지 않다면 세금을 내지 않고 쭉 투자할 수도 있습니다. IRP에 입금한 돈과 투자수익을 55세 이후 연금으로 받으면 3.3~5.5%의 저율로 연금소득세만 내면 되죠.

참고로 개인 납입금이 아닌 회사 퇴직금을 추후 연금으로 빼서 쓰면 퇴직소득세가 나옵니다. 퇴직소득세는 종합소득세와는 별도로 계산되므로, 다른 소득과 합산되어 세율이 올라갈 걱정이 없습니다.

단, 연금저축과 마찬가지로 55세 이전에 중도인출하거나 해지하면 그동안 받은 세액공제를 모두 반납해야 하고, 인출 금액의 16.5%가 기타소득세로 부과됩니다.

IRP는 원래 퇴직금을 굴리기 위해 만들어진 거라 계좌를 개설하려면 근로소득이나 사업소득 등 과세소득이 필요합니다. 소득을 증명할 수 없으면 개설할 수 없습니다.

많이들 헷갈리는 게 있어서 정리할게요. 연금저축과 IRP는 합쳐서 연간 1,800만 원까지 납입할 수 있습니다. 하지만 세액공제는 합산해 연 900만 원까지만 가능합니다. 절세가 목표라면 연금 저축에 600만 원, IRP에 300만 원을 납입해 공제한도를 모두 채우는 조합이 최곱니다.

예) 연봉이 7,000만 원인 직장인 C씨, 연금저축 + IRP 조합
- 매년 연금저축에 600만 원, IRP 300만 원 납입(총 900만 원 납입)
- 총급여가 5,500만 원 초과이므로 세액공제율 13.2%
- 900만 원 × 13.2% = 118만 8천 원 절세

ISA(개인종합자산관리계좌)

연금은 아니지만 절세는 확실!

ISA(Individual Savings Account 개인종합자산관리계좌)는 예금, ETF, 펀드, 채권, 리츠 등 다양한 금융상품을 한 계좌에 담을 수 있는 절세용 통합계좌입니다. 만 19세 이상이면 누구나 가입할 수 있는데, 연금저축이나 IRP처럼 노후 전용 계좌는 아닙니다.

ISA의 핵심은 '비과세 + 분리과세' 혜택입니다. 2026년 기준으로 일반형은 연간 수익 200만 원까지, 서민형 및 농어민형은 400만 원까지 수익에 대해 비과세 혜택이 주어집니다. 초과 수익에 대해서는 9.9%의 분리과세가 적용됩니다. 일반계좌에서는 이자나 배당소득에 기본적으로 15.4%의 세율이 적용된다는 걸 생각하면 훨씬 유리하죠.

예를 들어 ISA에서 KODEX 미국배당 다우존스 투자로 600만 원의 시세차익이 발생했다면, 일반형 기준 200만 원까지는 비과세, 초과 400만 원에 대해서는 9.9% 과세가 적용되어 39만 6천 원만 세금을 내면 됩니다. 일반계좌였다면 세금 15.4%로만 계산해도 최소 92만 4천 원의 세금이 나옵니다.

ISA의 또 다른 장점은 손실 상계(손익통산) 기능입니다. ISA 계좌 내 다양한 상품에서 발생한 수익과 손실을 합산해 '순수익'에만 세금을 매깁니다. 예를 들어 ETF A에서 200만 원 손실이, ETF B에서 300만 원 수익이 났다면 순수익 100만 원만 과세 대상이 되는 거예요.

단, 계좌를 최소 3년 이상 유지해야 한다는 조건이 있습니다. 연간 2,000만 원, 최대 1억 원까지 납입할 수 있습니다. 3년만 유지하면 자유롭게 인출할 수 있는데, 중도인출하면 계좌 개설 후 지금까지의 전체 수익에 일반과세가 적용됩니다. 세율은 수익 종류에 따라 다릅니다.

ISA를 연금처럼 활용하고 싶다면, 3년 만기 후 연금저축이나 IRP로 이체하면 됩니다. 이 방법으로 과세이연과 저율과세 혜택을 이어갈 수 있습니다.

연금저축, IRP, ISA 비교표

항목	연금저축	IRP(퇴직연금)	ISA
가입 대상	만 19세 이상 누구나	소득 있는 누구나	만 19세 이상 누구나
납입한도	1,800만 원	1,800만 원	연 2,000만 원(총 1억 원)
	연금저축 + IRP 합산 연 1,800만 원까지		
세액공제 한도	연 600만 원	연 900만 원	세액공제 없음 (만기 해지 후 연금계좌 이전 시 최대 300만 원까지 세액공제)
	연금저축 + IRP 합산 연 900만 원까지		
혜택	① 세액공제 혜택 소득 5,500만 원 이하 16.5%, 초과 13.2% ② 연금 수령 시 연금소득세 3.3~5.5% 연 1,500만 원 초과 시 전액 종합과세 or 16.5% 분리과세 중 선택 가능		① 비과세 혜택 일반형 연 200만 원, 서민형/농어민형 연 400만 원 ② 비과세 초과 수익은 9.9% 분리과세
수령 시기	만 55세부터		3년 이상 보유 후 언제든
수령 형태	자유롭게 지정 가능		자유 인출
중도해지 시	기타소득세 16.5%		기존 수익 전체에 일반과세
특징	• 노후 연금용 • 장기 투자용 • 세액공제, 과세이연 혜택 • 낮든 세율 부과(3.3~5.5%)		• 단기/중기 투자에 더 유리 • 손익통산과 분리과세로 매도차익 절세효과 큼

주요 투자	• IRP에서 예금도 가능
	• 레버리지, 인버스 ETF 투자 불가
			• 펀드, ETF, 채권, 리츠 등
			  거의 모든 투자 가능
			• 직접 해외 투자 불가
			• 2025년부터 주가상승 중심
			  성장형 ETF가 조금 더 유리

* 일반계좌 배당소득세: 국내주식/국내상장 ETF 15.4%, 미국상장 주식/ETF 15%

배당투자 초보에게 빛이 될 미국 ETF Top 10!

다음 종목들이 내 배당투자 기준과 맞는지 확인해 보세요. 4장에서 설명한 '나만의 ETF 선택 기준'과 함께 비교해 보면 투자 연습에 도움이 됩니다. 시가총액이나 수익률 기준의 단순 나열이 아니라, 초보 배당투자자가 참고할 만한 배당 ETF들을 주요 특성별로 정리한 것입니다.

출처: etf.com, Bank of America Fund Manager Survey, 한국경제TV, Investopedia, 시킹알파 등

SCHD	
유형	고배당형
시가배당률	3.31%

#배당안정성 #재무건전성
개인투자자 배당 ETF 인기 1위

VYM	
유형	고배당형
시가배당률	2.23%

배당+시가총액 기반
초보자 입문용

JEPI	
유형	커버드콜형
시가배당률	7.99%

월배당, 인컴 집중
고배당 선호자용

XLP	
유형	섹터형(필수소비재)
시가배당률	2.39%

불황 방어주
배당안정성, 주가상승률 낮음

DGRO	
유형	배당성장형
시가배당률	1.97%
배당성장 + 주가상승	
배당 지급하는 기술주 포함	

DIVO	
유형	커버드콜형
시가배당률	6.18%
월배당	
고배당 선호자용	

VIG	
유형	배당성장형
시가배당률	1.57%
배당성장 기업 중심	
배당 ETF 규모 1등	

SPHD	
유형	고배당/저변동형
시가배당률	3.79%
월배당 + 저변동성	
월배당	

XYLD	
유형	커버드콜형
시가배당률	10.48%
고배당, 리스크 높음	
높은 배당금 변동성	

HDV	
유형	고배당형
시가배당률	2.82%
대형 경기방어주 중심	
안정적인 배당투자	

배당 ETF로 월 400만 원 현금흐름 만들기

2026년 3월 25일 초판 1쇄 인쇄
2026년 4월 1일 초판 1쇄 발행

지은이 | 서대리
펴낸이 | 이종춘
펴낸곳 | (주)첨단

주소 | 서울시 마포구 양화로 127 (서교동) 첨단빌딩 3층
전화 | 02-338-9151
팩스 | 02-338-9155
인터넷 홈페이지 | www.goldenowl.co.kr
출판등록 | 2000년 2월 15일 제2000-000035호

본부장 | 홍종훈
편집 | 문다해
교정 | 주경숙
디자인 | 유어텍스트, 윤선미, 조수빈
전략마케팅 | 구본철, 차정욱, 오영일, 나진호, 강호묵
온라인 홍보마케팅 | 이지영
제작 | 김유석
경영지원 | 이금선, 최미숙

ISBN 978-89-6030-648-6 13320

- **BM** 황금부엉이는 (주)첨단의 단행본 출판 브랜드입니다.

황금부엉이에서 출간하고 싶은 원고가 있으신가요? 생각해보신 책의 제목(가제), 내용에 대한 소개, 간단한 자기소개, 연락처를 book@goldenowl.co.kr 메일로 보내주세요. 집필하신 원고가 있다면 원고의 일부 또는 전체를 함께 보내주시면 더욱 좋습니다. 책의 집필이 아닌 기획안을 제안해주셔도 좋습니다. 보내주신 분이 저 자신이라는 마음으로 정성을 다해 검토하겠습니다.